KB259786

중국 알고 나서 투자하자

안교석 저

중국 M&A미디어사

"중국 몰라도 너무 모른다"

주지하다시피 중국은 덩샤오핑의 과감한 개혁개방과 시장경제 도입 이후 비약적인 발전을 거듭하고 있으며 정치 · 경제 · 군사 면에서 강대국으로 급부상하고 있다. 중국 어느 도시를 가나 하루가 다르게 변화하는 모습과 중국 내자기업의 급속적인 발전은 위협 그 자체이며 가히 욱일승천(旭日升天)의 기세다.

하지만 현지에 진출한 한국투자기업의 상황을 지켜보면 막대한 금액을 중국에 투자하고 있음에도 투자성공의 확률은 그다지 높지 않으며 특히 중소기업의 경우는 절반 이상이 4년 이내에 철수하거나 청산하는 것으로 알려져 있다.

최근에는 통일 기업소득세법 시행과 이전가격과세강화를 포함한 세무조사 대상 확대, 갖가지 규제조항이 포함된 노동계약법의 시행 및 환경보호를 앞세운 각종제재 등 다방면에 걸쳐서 강화되는 중국당국의 정책시행에 우리기업은 속수무책으로 당하고 있는 실정이다.

한편 2002년 이래 중국은 우리의 연간 기준 최대 투자대상국으로서 중국 상무부의 통계에 의하면 2006년까지 대중국 누계 투자건수는 총 43,130건 투자액은 350억불에 이르며 해외투자 자유화 조치에 따라 앞으로도 더욱 많은 개인사업자와 기업이 중국에 진출하리라 예상되고,

실제로 대한상공회의소의 조사에서도 국내기업의 37%가 "10년 내에 중국 등 해외로 공장을 옮기겠다"고 답하고 있다.

그럼에도 기존의 단편일률적인 중국 진출 목적에서 점점 다양한 목적과 패턴으로 중국을 찾는 이들이 눈에 띄게 늘고 있는 요즘에도 기본적 투자절차도 모르는 이른바 '묻지마 투자'는 여전히 계속 되는 것 같아 안타깝기 그지없다.

"충분한 사전준비-성공으로 가는 길이다"

이제 중국인 스스로도 이제 '관시(关系)'에 대한 개념을 달리하고 있다. '안되는 것도 없고 되는 것도 없다'는 중국 사업에서 '관시'의 역할이 불가능과 가능의 갈림길을 결정짓던 시절은 잊는 것이 좋을 듯하다.

요즈음 중국에서 '관시'의 정의는 '해결이 가능한 문제를 빠르고 효율적으로 처리하거나 복잡하고 어렵게 처리하는 두 개 문의 열쇠'이다. 다시 말해 불가능한 것을 가능하게 하는 것이 관시가 아니라 가능한 것을 얼마나 효율적으로 처리할 수가 있느냐가 관시의 역할인 셈이다.

문제는 가능과 불가능에 대한 판단이 선행되어야 하는데 이에 대한 해결책으로 그리고 중국사업에서 살아남으려면 중국어는 물론 중국정부의 정책에 대한 연구가 반드시 필요하다.

본서는 중국사업 첫 단계인 중국투자절차를 먼저 한국에서 이행하여야 할 절차와 중국에서 행하여야 할 투자절차를 자세히 알기 쉽게 제시하면서 2004년 12월 11일 중국의 도·소매업, 서비스업종의 개방 이후 물밀듯이 진출하고 있는 동업종의 투자절차를 실무사례와 함께 기술하였다.

또한 한국투자기업이 중국에 투자하면서 가장 관심을 갖는 분야의 하나인 투자회수 방법과 사업철수 및 국내송금에 이르기까지의 구체적 절차를 저자가 문의 받은 실무사례와 함께 제시하고 있다.

중국에서 언제나 따듯한 친절과 절친한 동료로서 지내고 있는 上海 万隆회계법인 王晓鹏董事长과 尹泳宇변호사, 北京 中龙회계법인 徐维敏, 杭州 中瑞江南회계법인 俞子辰, 沈阳 万隆회계법인 刘宁宇, 大连 东方회계법인汪海董事长, 青岛 金水江山회계법인 朴永泉회계사와 刘建华세무사님께 진심으로 감사를 드리며, 청도 국세국·지방세국에 근무하는 여러 중국친구들의 이름을 일일이 기록하지 못한 점에 대하여 널리 양해를 구한다.

2007년 11월

저자 **안 교 석**

PART I
중국투자절차

제1장 국내에서의 신고절차(在韩国的 申报程序)

제2장 중국에서 기업설립과 등기(在中国的 企业设立·登记)

투자회수와 사업철수

PART I 중국투자절차

제1장 국내에서의 신고절차
(在韩国的 申报程序)

우리나라에서는

1993년 6월부터 북방국가에 대한 사전심의제도를 폐지하여 중국 등에 대한 투자시 국가에 대한 투자제한을 폐지하였고, 1996년 6월부터는 해외투자의 제한업종을 폐지하였으며, 1997년에 해외투자를 허가제에서 신고제로 전환하였다.

해외투자는 경영에 참가함을 목적으로 자본이동과 함께 생산·경영기술의 이전 또는 인력의 진출 등이 수반되는 '해외직접투자'와 경영참가 없이 단순히 이자·배당 또는 시세차익 등 투자과실의 획 득만을 목적으로 하는 '해외간접투자'로 나누어진다. 본서에서 말하는 해외투자는 '해외직접투자'를 말한다.

중국에 투자하기 위해서는 국내에서 거쳐야 할 절차와 중국에

서 거쳐야 할 절차가 있으며 본장에서는 먼저 국내에서의 투자절
차를 논하기로 한다.

1. 중국투자의 요건

한국에서 중국투자 시 법인과 개인 모두 투자금액의 제한이 없
다. 이전에는 개인과 개인사업자는 투자금액의 제한이 있었지만
2006년 3월 1일부터 금액의 제한 없이 자유롭게 해외 직접투자를
할 수 있다.

(1) 투자자 자격

① 「신용정보의 이용 및 보호에 관한 법률」에 의한 신용
불량자로 등록되지 않은 개인 또는 법인(대표자 포함)
다만, 회사정리법 또는 화의법에 의하여 정리절차가 진
행되고 있는 기업체가 기존의 유휴설비나 보유기술을 투
자하거나 관련 법령이 정한 법원 또는 채권관리단의 결
정에 의한 경우에는 해외투자를 허용한다.
② 조세체납이 없는 개인 또는 법인
③ 개인 또는 개인사업자인 경우 해외이주 수속 중에 있지
않은 사람(신청일 이전 3일 이내에 발급된 주민등록등본
으로 확인)

(2) 투자방법

1) 외상투자기업(外商投资企业)의 설립

① 중국에서 사업을 영위하기 위해서 중국법령에 의하여 현지법인을 신규로 설립하는 것으로서 여기서 외상투자기업이라 함은 중외합자경영기업(합자기업 또는 합영기업), 중외합작경영기업(합작기업), 외자기업(독자기업)을 말한다.

② 외상투자기업은 외국투자자의 지분이 25% 이상이 되어야 조세 등 각종 우대정책을 받을 수 있다.

③ 외국투자자의 지분이 25% 미만이더라도 외국인투자기업의 설립절차에 따라 심사비준을 받고 등기하여야 하며, '외자비율 25% 미만'이 기재된 '비준증서'와 '영업집조'를 발급받게 된다.

2) 중국 내자기업의 인수

'외국투자자 국내기업 인수 잠정규정'에 근거하여 지분인수와 자산인수의 2가지 방법이 있다.

가. 지분인수
: 이미 설립된 중국 내자기업의 지분을 인수하거나 증자지분을 인수하여 내자기업을 외상투자기업으로 변경

하여 설립하는 방식이다.

→ 이 경우 한국 국내법상 중국법인의 경영에 참가하기 위한 주식 또는 지분의 취득비율이 당해 중국법인 발행주식총수 또는 출자총액에서 차지하는 최저지분율이 10% 이상이어야 한다. 단, 투자자와 현지법인간에 실질적 경제관계를 수립한 경우 10% 미만도 인정된다.

> ❖ **실질적 경제관계**
>
> - 임원의 파견
> - 계약기간이 1년 이상인 원자재나 제품의 매매계약의 체결
> - 중요기술의 제공, 도입 또는 공동연구개발 계약의 체결
> - 해외건설 및 산업설비공사를 수주하는 계약의 체결

나. 자산인수

: 외국투자자가 외상투자기업을 설립함과 아울러 그 외상투자기업을 통하여 내자기업의 자산을 인수해 운영하거나, 외국투자자가 내자기업의 자산을 인수하고 그 자산을 출자해서 외상투자기업을 설립하여 자산을 운영하는 방식이다.

만약 인수대상인 자산이 중국 국유자산에 해당되면 별도로 엄격한 국유자산 양도절차를 밟아야 한다.

3) 기존 외상투자기업의 지분인수

이미 설립된 외상투자기업의 중국측 또는 외국측 지분을 인수할 수 있으며 이 경우 어느 일방 투자자의 지분을 인수할 때에는

다른 모든 투자자의 동의를 받아야 한다.

또한 외국측 지분을 인수하는 경우 중국밖에서 거래하고 인수대금을 지급할 수 있지만 반드시 관련규정에 따라 심사비준을 받아야 한다.

① 외상투자기업의 지분변경은 반드시 심사비준부서의 비준과 공상행정관리국에서 변경등기를 해야 한다. 심사비준부서의 비준이 없는 지분인수는 무효이다. 지분인수계약서와 수정된 정관은 '외상투자기업비준 증서'변경을 비준한 날부터 효력이 발생한다.

② 외상투자기업의 지분을 인수할 경우 기업소득세(양도가격과 출자금액의 차액의 10%), 영업세(지분양도가격의 5%, 단 2003년 1월 1일부터는 면제) 및 인지세(지분양도가격의 10,000분의 5) 등의 세금이 부과된다.

4) 외화대부채권의 취득

① 중국법인에 투자한 투자자가 당해 중국법인에 대하여 상환기간 1년 이상의 금전을 대여하는 형식의 투자

② 현지법인이 아직 설립되지 않아 계약상대방이 없는 경우에는 외화증권 취득 및 외화대부채권 취득의 동시 신고가 가능하다.

5) 해외지점 · 사무소 · 영업소 등의 설치

① 증권취득에 의한 현지법인의 설립이나 인수 없이 지점이나 사무소 또는 영업소를 설치·운영하기 위한 자금의 지급

② 해외 영업소를 통하여 해외에서 비거주자 명의 또는 비거주자와 공동명의로 영위하는 사업에 투자하는 경우

③ 해외자원개발사업(조사자금 및 해외자원의 구매자금 제외) 또는 사회간접자본 개발사업을 위한 자금

6) 개인기업의 설립

법인형태가 아닌 소규모 영업을 위하여 중국에서 개인기업을 설립하는 경우

7) 투자성공사(投資性公司 Holding Company 지주회사)의 설립

① 지주회사는 '외상투자투자성공사 설립에 관한 규정'과 '외상투자투자성공사 설립에 관한 보충규정'에 따라 외국투자자가 중국에 독자 또는 합자의 형식으로 설립한 직접투자에 종사하는 회사를 말하며 회사의 조직형태는 유한책임회사이다.

② 지주회사는 외상투자기업의 재투자(자회사 설립)에
따른 법적 제한을 받지 아니하며, 지주회사가 투자한
기업은 외상투자기업으로 간주된다.

(3) 외상투자기업의 중국내 투자

이미 중국에서 설립된 외상투자기업이 중국내에서 재투자하는
형태는 다음과 같이 자회사(子公司), 지점(分支机构 분공사), 연
락사무소(办公室 상주대표기구) 등이 있다.

1) 개념

자회사·지점·연락사무소의 개념은 다음과 같이 구분한다.

① 자회사(子公司)는 모회사가 직간접적으로 통제하는
계열회사 또는 모회사의 제한을 받는 부속회사를 말
하며 독립적으로 법인격을 갖는다.
또한 '외상투자기업 국내투자 잠정규정'에 의하면 자회사
(子公司)의 법적 성격은 원칙적으로 외상투자기업이 아
니다.
② 지점(分支机构 분공사)은 모회사에서 분리된 기구로
서 독립적으로 법인격을 갖지는 아니하나 독립적인
민사활동은 가능하다.

지점의 경영범위는 소속기업의 경영범위를 초과할 수
없다.

③ 연락사무소(办公室 상주대표기구)는 모회사의 업무
연락처에 불과하며 독립 법인자격이 없으므로 독자적
으로 거래처와 직접 매매계약을 체결하는 등의 경영
활동을 할 수 없다. 한편 외국투자자가 개인일 경우
연락사무소를 설립할 수 없다.

2) 설립요건

자회사 · 지점 · 연락사무소의 설립요건은 다음과 같다.

① 자회사의 설립은 별도 개별기업의 설립과 동일한 절
차를 밟아야 하므로 설립수속도 복잡하고 창업비용도
비교적 많이 소요된다.
즉 등기자본 전액의 납입, 이익발생, 위법경영기록이
없어야 하는 등의 요건이 충족될 경우 그 누적투자액
이 순자산의 50% 한도 내에서 자회사를 설립할 수
있다.

② 지점의 또는 연락사무소를 설립하려면 실무적으로 그
등기자본을 완납할 것이 요구되지만 그 등기자본 규
모에 대한 구체적인 요구는 없으므로 실제로 필요한
자금수요에 따라 설립할 수 있다.

자회사·지점·연락사무소의 설립은 원 등록기관의
비준을 받은 후 30일 이내에 지점이나 사무소 설치지
역의 공상행정관리국에 설립신청을 하여야 한다.

3) 기업소득세

자회사·지점·연락사무소의 기업소득세 세무처리는 다음과
같다.

① 자회사는 원칙적으로 외상투자기업이 아니므로 '회
사법'상 중국 내자기업의 재투자 규정의 적용을 받는
다. 다만 외상투자기업이 자회사를 설립하면서 다른
외국투자자가 공동투자하여 그 자회사의 25% 이상
의 지분을 취득하면 그 자회사는 외상투자기업으로
간주되어 세무상 면세기한, 우대정책 등을 향유할 수
있다.
또한 자회사는 전면적인 납세의무가 있으므로 본사와
독립적으로 회계처리하고 동시에 독립적으로 세무신
고와 납세처리를 하여야 한다.
② 지점은 독립법인이 아니기 때문에 본사에서 전체적
으로 회계처리하고 통일적으로 납세처리를 하여야하
므로 손익발생시 본사와 지점이 서로 공제하여 세무
처리 한다.

③ 연락사무소는 본사의 경영범위 내에서 업무연락만 진행할 수 있을 뿐 기타 경영활동에는 종사할 수 없다.

2. 해외투자 신고

해외투자는 먼저 현지 파트너와 사업계획을 확정짓는 합자/합작계약을 맺고서 국내에서 해외직접투자 신고수리를 받은 후, 현지법인의 설립절차를 밟는 것이 효율적이다.

(1) 신고기관

해외투자 신고기관은 재정경제부장관 또는 외국환은행장이며 재정경제부에 신고해야하는 경우는 아래 3가지에 해당하고 그 이외는 여신최다은행에 신고하면 된다.

1) 재정경제부 장관

① 투자금액이 US$1천만 이상으로
- 투자대상 법인의 자본금이 잠식중인 경우
- 투자대상 법인이 5년 이상 적자를 내고 있거나 자본금이 1/2이상 또는 US$1억 이상 잠식된 경우
② 금융·보험업을 영위하는 투자자가 금융·보험업 이외의 업종에 해외투자를 하는 경우

③ 금융·보험업 이외의 영업을 영위하는 투자자가 금
융·보험업을 위한 현지 법인을 설립하는 경우

2) 외국환은행장(여신최다은행)

① 투자자가 주채무계열 소속 기업체인 경우: 당해기업
의 주채권은행
② 투자자가 주채무계열 소속 기업체가 아닌 경우: 여신
최다은행
③ 그 외: 투자자가 지정하는 은행

(2) 신고서류

1) 공통신고서류

① 해외직접투자신고(수리)서
② 거래 외국환은행 지정(변경)신청서
③ 사업계획서(투자금액 US$1백만 이하인 경우에는
투자개요서, 개발사업참여의 경우에는 사업계획서 또
는 투자개요서)
④ 사업자등록증 사본 등
• 법인: 사업자등록증 사본, 납세완납증명서
• 개인: 주민등록등본, 재산세 또는
소득세납세사실증명서

• 개인사업자: 사업자등록증 사본, 주민등록등본,
  납세완납증명서
⑤ 잔액증명(신청일 기준 3일 이내)

2) 추가신고서류

① 금전대차계약서 (상환기간 1년 이상인 금전대여에 한
  하며 공증필요)
② 합자/합작계약서(합자/합작투자시)
③ 현물투자명세표 2부(현물투자시)
④ 부동산감정평가서 및 등기부등본 (부동산 관련업에 투
  자시)
⑤ 자금출처확인서(개인 및 개인사업자가 부동산 관련
  업에 투자시)
⑥ 회계법인의 주식평가 의견서(주식을 통한 투자시)
⑦ 투자금액이 US $1백만을 초과하는 경우
  • 최근 결산 대차대조표 또는 신용조사서(투자자가 법
    인인 경우)
  • 관할 세무서장이 확인한 최근 결산 손익계산서 또는
    신용평가기관에서 발급하는 신용조사서(투자자가
    개인인 경우)
  • 현물투자의 경우 감정평가서(중고품) 또는 견적서
    (신품)

• 현지법인의 최근 결산대차대조표 등 재무상태 입증
  서류(증액투자 시)

3) 보완서류

① 신용불량자 여부 확인서류: 투자기업체 및 기업체의 대
   표자
② 기술제공대가가 US＄10만 이상인 경우: 한국산업기
   술진흥협회에 신고필을 확인하는 서류
③ 건설업에 대한 해외직접투자인 경우: 건실교통부장
   관 앞 신고필을 확인하는 서류
④ 해외자원개발사업의 경우: 관계당국 앞 신고필을 확
   인하는 서류
⑤ 상장법인이 자기자본의 10% 이상 해외투자하거나 증
   권업협회 등록법인이 자기자본의 30% 이상 해외투자
   시: 금융감독위원회, 한국증권거래소 또는 한국증권
   업협회 앞 신고필을 확인하는 서류

(3) 신고수리

신고수리는 내부결재 후 해외직접투자 신고수리서 2부 중 1부
에 신고수리번호·신고수리금액 및 유효기간을 기재한 후 직인을
날인하여 신청업체에 교부한다.

신고수리서 유효기간은 신고수리일로부터 1년으로 하되 부득이한 경우 1년(투자금액이 US＄1천만을 초과하고 3년 이상 계속 투자사업인 경우에는 2년) 범위 내에서 연장 가능하다.

(4) 내용변경신고

다음의 경우 별도의 신고수리절차가 필요 없이 해외투자 내용변경신고만 이행하면 된다.

① 중국본사가 증자의 형식으로 현지 자회사의 지분인수를 위한 투자를 실행하는 경우
② 현금투자를 현물투자로 바꾸는 경우
③ 투자자금을 국내조달에서 해외조달로 바꾸는 경우
④ 투자자명·투자비율·투자목적·투자대상국가의 변경
⑤ 투자금액이 감소되는 경우(단, 해외투자금액이 증가되는 경우에는 금액의 과소에 구분없이 신규투자와 동일한 절차로 해외투자신고수리를 받아야 투자가 가능하다)

3. 사후관리

(1) 보고서 제출

1) 지정거래외국환은행

해외직접투자자는 다음의 보고서 등을 정한 기일 내에 지정거래 외국환은행의 장에게 제출하여야 한다.

① 해외직접투자(송금)신고서
 : 송금 후 즉시
② 해외지점(사무소)설치신고서
 : 설치 후 즉시
③ 외화증권취득보고서 (현지법인 설립보고서 포함) 또는 현지법인에 대한 출자내용을 입증할 수 있는 서류 (증권발행이 없는 경우)
 : 투자금액 납입 후 6월 이내
④ 외화채권취득보고서(금전대여의 경우)
 : 대여자금 제공후 6월 이내에 현지법인이 투자자 앞으로 발행하는 약속어음 또는 대부자금 영수증서와 함께 제출
⑤ 원리금 회수보고서(금전대여의 경우)
 : 즉시

⑥ 연간사업실적 및 결산보고서 (금전대여도 포함)
  : 다만 US$1천만 이하 투자인 경우 현지법인의 설립
   후 3년경과시 다음 회계연도부터 제출을 면제한다.
   (부동산 관련업은 제외)
⑦ 청산보고서 및 부속명세서(현지공관장 확인 또는
   공증 요)
  : 청산자금 영수 후 즉시
⑧ 투자사업의 진행상황 및 자산변동보고서(부동산 관련
   업의 경우)
  : 회계기간 종료 후 5월 이내

2) 국세청

국세청에서는 해외직접투자자가 지정거래외국환은행에 제출한 '해외직접투자신고서' 또는 '해외지점(사무소)설치신고서'등과 관련하여 세무목적의 고유번호를 부여한다.

해외투자자는 법인세 또는 종합소득과세표준 확정신고 시 동 고유번호를 사용하여 다음의 서류를 제출해야 한다.

① 해외현지법인 명세서
  : 당해 과세연도 종료일 현재 외국법인에 출자(증권투
   자 또는 대부투자)하고 있는 법인 및 거주자
② 해외현지법인 재무상황표

: 단독 혹은 공동투자(개인과 법인이 공동투자한 경우
포함)한 투자자의 투자금액 합계가 해외현지법인 총
자본금의 100분의 10 이상인 경우로서 투자금액이 가
장 많은 투자자.
다만, 투자금액이 동일한 경우에는 당해 과세연도 매
출액의 합계가 가장 큰 법인 및 거주자
③ 해외지사명세서
: 당해 과세연도 종료일 현재 해외지점, 해외사무소 및
해외건설현장을 설치하고 있는 법인 및 거주자

(2) 해외직접투자자에 대한 제재

1) 의무 불이행의 제재

규정에 의하여 부여된 의무 불이행시 다음의 제재조치를 단계
적으로 실시한다.

① 경고(1차에 한함)
② 경고를 받고 3월 이내에 의무 불이행시: 전국은행연
합회에 주의거래처로 분류토록 통보한다.
③ 주의거래처의 제재를 받고 3월 이내에 의무 불이행
시: 전국은행연합회에 황색거래처로 분류토록 통보
한다.

④ 황색거래처의 제재를 받고 3월 이내에 의무를 이행하
지 않는 경우: 전국은행연합회에 적색거래처로 분류
토록 통보한다.

2) 해외직접투자 허가취소

다음의 경우 해외직접투자 허가취소 또는 고발조치한다.

① 외국환거래법을 위반한 경우
② 노동관계법 등 현지국의 법규위반 또는 부당한 행위
로 대외경제협력에 지장을 초래한 경우
③ 이익금을 정당한 사유없이 회수하지 않은 경우
④ 해외직접투자 허가조건을 이행하지 아니한 경우
⑤ 정당한 사유없이 1년 이상 계속하여 휴업한 경우
⑥ 적색거래처로 통보된 이후에도 의무를 이행하지 아니
한 경우

(3) 기타 유의사항

① 유효기간 이내에 투자금액을 전액 또는 일부 송금하지
아니한 경우 미 송금액에 대한 실효신청서(전액 미송금
시 신고수리서 원본 반납)를 제출하여야 한다.
② 2인 이상의 거주자가 합작투자 하는 경우 연명으로 신고

할 수 있으며 투자비율이 가장 높은 투자자의 지정거래 외국환은행에 신고 수리하여야 한다(투자자 각각의 투자비율이 10% 미만인 경우 반드시 연명으로 신고하여야 한다).
③ 현물투자의 경우 현물투자명세표 1부를 신고수리서에 첨부하고 간인하여 세관 통관시 사용한다.

[해외투자자금 송금방법]

Q _ 해외직접투자 신고수리를 받은 후 신고수리된 내용대로 해외투자사업을 영위하기 위하여 투자자금을 송금하고자 하는데 어떻게 해야 하는지?

A _ ① 현금투자의 경우에는 해외직접투자신고(수리)서에 지정된 송금은행(해외직접투자 신고수리시 신청)을 통하여 현지법인 계좌 또는 정당한 수취인에게 송금하면 된다.

② 현물출자의 경우에는 세관을 통하여 수출형식으로 현물출자가 이루어지며, 일반적인 수출시에 작성하여야 하는 E/L은 면제되고 있다.

③ 투자자는 해외투자자금을 송금 또는 현물출자 하였을 경우 송금 증명서류 또는 수출면장을 신고기관에 즉시 보고하여야 한다.

[이미 진출한 기업이 별도의 자회사 설립시 국내에서의 절차]

Q _ 청도에 진출한 모 제조기업은 중국내 판매망을 구축하기 위해 별도의 판매법인을 설립하여 영업활동을 전개하고자 한다. 이 경우 한국에서의 별도 절차는?

A _ ① 한국내 주거래은행에 현지 자회사의 내용변경신고 절차만을 거치면 된다. 이는 중국내에서는 자회사의 자본금(중국본사의 투자금액)이 증가하게 되고 아울러 중국 통계상에는 한국의 직접투자로 계상되지만, 한국내에서는 중국 투자액에 변함이 없다.

② 내용변경절차는 주거래은행에 해외직접투자 내용변경신고(수리)서, 당초의 신고(수리)서 원본, 변경사유서, 공증을 필한 지분양수도 계약서(개인기업이 해외투자 후 투자지분에 대한 해외자산을 법인으로 넘기는 경우) 및 기타 필요한 서류를 작성 제출하여 변경된 내용에 대하여 신고수리 받는다.

[지분인수방법에 의한 중국투자절차]

Q_ 이미 청도에 진출하여 영업 중에 있는 현지협력기업의 지분을 인수하는 방식으로 중국에 진출하고자 하는데 그 절차는?

A_ 신규투자와 동일한 절차를 이행하되, 이는 공동투자에 해당하므로 주거래은행에서 현지법인에 대한 신고수리를 받은 후 신고수리서 사본을 다른 공동투자자의 지정거래 외국환은행에도 송부하여야 한다. 단, 한국인이 이미 투자하고 있는 현지법인에 투자를 하고자 하는 경우 투자후의 지분율은 반드시 10% 이상이어야 한다.

[지분인수방법에 의한 중국투자 시 피인수기업의 검토내용]

Q_ 한국 반월공단의 B회사는 중국진출을 준비하던 중 마침 중국 저장성 항주시 인근의 H한국독자기업의 철수의사를 확인하고 이 기업의 출자지분을 인수하려고 한다. 이 경우 피인수기업에 대해서 검토해야할 사항은?

A_ 외상투자기업의 투자자 지분을 인수할 때 일반적으로 검토해야할 기본적 사항은 다음과 같다.

① 피인수 외상투자기업의 비준여부, 각종 등기이행, 출자이행 등의 합법적 투자상황

② 최근 수년간의 자산, 부채, 대외담보 제공 등의 재무상황

③ 기업의 유동자산, 고정자산 등의 현재 상태와 현재가치 파악

④ 기업이 사용 점유하는 토지사용권과 건축물의 구체적상황과 권리증서 및 계약상황

⑤ 기업이 체결한 중대한 계약의 이행상황

⑥ 기업의 인사와 관련한 고용계약 등의 전반사항 및 급여, 보험, 각종 복리상황과 임금 체불상황

⑦ 기타 기업의 존속과 운영에 필요한 각종 인허가와 계약상황 등

[외국투자자가 중국 내자기업 인수 시 채권채무의 처리방식]

Q_ 외국투자자가 중국 내자기업을 인수 시 기존 내자기업의 채권채무 처리방식은?

A_ 이 경우 아래와 같이 원칙적으로 기업인수방식에 따라 다르다. 다만 외국투자자와 피인수 내자기업은 피인수 내자기업의 채권채무의 처리와 관련하여 별도의 약정을 체결할 수 있으며, 채권채무처리에 관한 약정은 심사비준부서에 보고하여야 한다.

① 지분인수방식

: 인수 후 설립된 외상투자기업은 피인수된 내자기업의 채권채무를 승계한다.

② 자산인수방식

: 자산을 매각한 내자기업이 기존의 채권채무를 책임지며 설립된 외상투자기업에게 이전되지 않는다.

[중국투자시의 국내신고시점과 현물투자의 제출서류]

Q _ 컴퓨터 프로그램을 기술투자하여 합작회사를 설립하려한다. 국내에서의 해외투자신고 시점은? 현물투자시의 추가제출서류는?

A _ ① 먼저 중국측 파트너와 합작계약을 체결한 후 합작계약서를 한국내에서 해외직접투자신고 시 제출하여야 한다. 해외직접투자신고수리를 받고나서 현지법인을 설립함이 업무수행에 용이하다.

② 현물투자 시에는 현물투자 내역이 구체적으로 기록된 '현물투자명세서'를 간인하여 첨부하여야 하며, 이 명세서에 근거하여 현물의 세관통관이 가능하다.

또한 현물투자 금액이 US＄10만 이상인 경우에는 한국산업기술진흥협회에 신고를 한 후 '신고수리서'를 해외투자 신고 시 제출하여야 한다.

[지점(**分支机构** 분공사) 또는 사무소(**办公室** 상주대표기구) 설치시 신청절차와 서류]

Q _ 외상투자기업의 지점 또는 사무소 설치시 신청절차와 신청서류는?

A _ 외상투자기업이 지점(分支机构) 또는 사무소(办公室)를 설치하려면 반드시 원 등록기관의 비준을 받은후 30일 이내에 지점이나 사무소 설치지역의 공상행정관리국에 설립신청을 하여야 한다.

설립신청서류는 다음과 같다.

① 지점 등기신청서(동사장이 서명)

② 대외경제무역부문에서 발급한 비준서류 및 원 등기주관부문에서 발급한 비준서류(본 지방 외상투자기업이 아닐 경우)

③ 이사회의 지점 설치결의서

④ 본점의 영업허가서 부본

⑤ 지점 책임자의 임직문건 및 인적사항과 약력

⑥ 지점의 직원명단 및 약력

⑦ 지점의 임대차계약서

⑧ 자본금불입감사(등기자본이 전액 출자되어야 함)

⑨ 본점의 계약, 정관, 이사회 명부 등 기타관련서류

[임의로 지점 설립 시 법률책임]

Q_ 외국회사가 임의로 중국경내에 지사를 설립시 법률책임은?

A_ 외국회사가 「중국회사법」의 규정을 위반하고 자의로 중국경내에 지사를 설립하였을 경우 회사등기기관은 시정 또는 폐쇄를 명하고 5만元 이상 20만元 이하의 벌금을 부과할 수 있다.

[외국기업의 상주대표기구(办事处) 설립절차]

Q_ 외국기업이 중국에서 상주대표기구를 설립 시 설립절차는?

A_ 외국기업이 중국에 상주대표기구(办事处)를 설립하고자 할 경우 중국의 무역회사 또는 대외경제기구의 보증이 필요하며, 외국기업은 이 보증기관에 위탁하여 상주대표기구의 설립을 신청하여야 한다.

① 설립신청서류

: 설립신청서, 본국의 영업허가 증명서, 은행의 자금신용증명, 상주
대표자에 대한 본사의 위임서와 이력서

② 심사 및 인가

: 심사허가부문으로부터 상주대표기구의 설립을 통보받은 중국의
보증기관은 상주대표기구의 대표자를 동반하여 허가증서를 수령
한다. 허가증서의 유효기간은 3년이고 기간만료 시 연기하고자
할 경우 기간만료 2개월 전에 연기신청을 한다.

③ 공상등기

: 허가증서를 수령한 후 30일 이내에 공상행정관리국에 공상등기
를 신청한다. '외국기업 상주대표기구 등기증'의 유효기간은 1년
이며 유효기간 만료 30일전에 등기연기절차를 밟아야 한다.

[투자성공사(投资性公司 Holding Company 지주회사)의 특징]

Q＿투자성공사의 특징은?

A＿투자성공사(投资性公司 Holding Company 지주회사)는 다른
회사의 주식을 소유함으로써 사업활동을 실질적으로 지배하기 위해
설립하는 회사로서 다음과 같은 특징이 있다.

① 외상투자기업이 2이상의 사업을 중국에서 수행할 경우 통괄적으
로 운영하기 위해 설립한다.

② 산하기업에 투자가 가능하고 투자성공사 및 투자성공사가 투자
한 기업은 외상투자기업으로서의 세제혜택 등의 우대혜택을 받을
수 있다.

③ 투자성공사는 법적 요건을 갖추면 다국적기업 지역본부로 인정
받을 수 있다.

[투자성공사(投資性公司 지주회사)의 설립절차와 설립신청서류]

Q_ 지주회사의 설립절차와 설립신청서류는?

A_ 지주회사를 설립하려면 성·자치구·직할시 상무부서의 심사와 동의를 받은 후, 국무원 상무부의 심사비준을 받아야 한다.

지주회사의 설립신청서류는 다음과 같다.

① 합자지주회사의 설립: 신청서, 계약서, 정관

독자지주회사의 설립: 신청서, 정관, 타당성연구보고서

② 투자자의 자금신용증명

③ 법정대표자 증명서류

④ 이미 투자한 피투자기업의 비준증서와 영업집조 사본 및 출자검사보고서(验资)

⑤ 투자자의 최근 3년간 회계감사를 필한 대차대조표

⑥ 외국투자자의 보증서

⑦ 상무부가 요구하는 기타서류

[중국에 국제학교 설립시의 국내절차와 구비서류]

Q_ 한국의 S학교법인이다. 중국의 한국인 밀집지역에 진출하여 국제학교를 설립하고자 계획 중인데 이와 관련한 절차와 구비서류는?

A_ 비영리법인(학교법인 등)도 관계법령에서 허용한 범위내에서는 투자가 허용되며 수익사업도 영위할 수 있다.

학교법인이 해외직접투자를 하려고 할 경우에는 신규투자절차 시 사립학교법령과 학교법인 정관 및 납세완납증명서를 추가로 제출하여야 한다.

['연간사업실적 및 결산보고서'의 적용환율]

Q_ 매년 5월말까지 해외투자 신고수리기관에 제출하는 '연간사업
실적 및 결산보고서'의 작성시 환율 적용은?

A_ ① 해외투자기업은 매 회계기간 종료후 5개월 이내에 현지법인
의 '연간사업실적 및 결산보고서'를 현지 공인회계사의 감사보고서
(소규모 기업인 경우 현지 세무사가 작성한 세무보고서)와 함께 해
외투자 신고기관에 제출하여야 한다.

② '연간사업실적 및 결산보고서'의 계정과목금액을 현지화에서 원
화로 환산시 대차대조표 항목은 당해 회계연도 결산일 현재환율로,
손익계산서 항목은 당해 회계연도 평균환율을 적용하여 환산한다.

"후진타오(胡锦涛) 중국 국가주석의 8대 사회주의 영욕관(荣辱观)"

후진타오 주석이 '국가 및 당 간부와 인민 특히 청소년이 무엇을 견지하고 제창하며 한편으로는 무엇을 반대하고 억제할 것인가를 명확히 알 수 있어야 한다'며 제창한 '바롱바츠(八荣八耻 8대 영광과 8대 수치)론'은 다음과 같다.

- 조국을 사랑하는 것. 조국에 해를 끼치는 것(热爱祖国 危害祖国)
- 과학을 숭상하는 것. 무지몽매한 것(崇尚科学 愚昧无知)
- 서로 돕는 것. 남에게 손해를 끼치는 것(团结互助 损人利己)
- 법규를 준수하는 것. 법규를 어기는 것(遵纪守法 违法乱纪)
- 인민을 위해서 봉사하는 것. 인민을 배반하는 것(服务人民 背离人民)
- 근면하게 일하는 것. 안일만 추구하는 것(辛勤劳动 好逸恶劳)
- 신의를 지키는 것. 의리를 저버리는 것(诚实守信 见利忘义)
- 분투노력하는 것. 사치방탕에 빠지는 것(艰苦奋头 骄奢淫逸)

진로소주 '참이슬(真露)'의 짝퉁브랜드 '참일슬(真日露)'

바다산 해물로 유명한 청도의 한 중국식당.
중국 사람이 운영하는 이 식당에서 세무국 관리와 저녁 식사 중 한국소주 1병을 주문하였는데 병에는 '참일슬(真日露)'이라는 상표를 붙여져 있어서 이를 이상히 여기고 식당 주인에게 한국소주 '참이슬(真露)'은 있어도 '참일슬(真日露)'이라는 상표는 없다고 하자 주인은 '손님은 한국술에 대해서 잘 모르고 있다며 이 술이 한국의 대중주'라고 친절히 설명해 주었다.
그날 우리는 짝퉁 한국소주를 맛보았다.

중국 서부도시들 "우리 목표는 상하이"

지난 2000년, 장쩌민(江泽民) 공산당 총서기와 주룽지(朱溶基) 국무원 총리는 "2050년까지 가장 낙후된 서부지방을 가장 잘사는 동부 연안지역과 같은 생활수준으로 만들어 주겠다"는 약속을 했다. 이러써 탄생한 프로젝트가 '서부대개발'

그 중심은 중국 서부의 내노시 충칭(重庆)과 삼국시대 유비가 다스렸던 촉나라 땅 쓰촨성(四川)의 성도 청두(成都)다. 서부대개발 프로젝트가 시작된 이후 이 두 지역의 연평균경제성장률은 11~13%에 달한다. 중국정부가 경제특구로 지정한 총칭과 쓰촨성에는 불과 6년 만에 총연장 11만5,000km에 달하는 거미줄 같은 도로망과 1,789km의 고속도로, 2967km에 달하는 철도가 건설됐다.

☞ 충칭(重庆)

: 2011년이면 컨테이너 100만TEU를 처리할 수 있는 항구가 건설된다. 또한 중국의 자동차기지로 탈바꿈한 이곳은 포드, 마즈다, 스즈키 등 20여개 완성차 제조업체와 500여 자동차부품회사가 있으며 2010년에는 100만대의 자동차 생산량을 바라보고 있다.

☞ 청두(成都)

: 서부의 IT(정보기술) 허브로 자리잡은 청두는 모토로라, 인텔 등 세계 500대 기업 중 108개 기업이 이곳에 진출해 있다.

제2장 중국에서 기업설립과 등기

(在中国的 企业设立 · 登记)

중국은

기존의 외자(外资)도입의 규모보다는 기술도입을 중요시하는 방향으로 외자유치전략을 근본적으로 전환하고 있다.

즉 정부주도의 외자도입과 외자규모를 중시하던 정책을 탈피하여 시장경제원칙에 따른 외자도입으로 전환하여 기술수준·자원소모·환경보호·일자리증가 등의 요소를 종합적으로 고려한 외자유치평가시스템을 수립하여 시행하고 있다.

또한 외자유치의 경제성장 견인효과를 중시하던 면을 벗어나 기술도입·인재양성에 중점을 두고 산업구조조정에 도움이 되는 분야에 대한 외자유치를 장려하고 있다.

1. 투자전략

중국에 투자를 함에 있어서 누구나 성공을 전제로 할 것이며 이러한 성공을 위해서 고려하여야 할 사항을 요약하면 다음과 같다.

(1) 철저한 사업타당성 검토

① 중국시장의 다양성과 지역별 특징을 이해하고 유연하게 대응할 수 있는 준비가 필요하다.
② 생산기지, 시장개척, 기술개발 등 투자목적을 명확히 설정하여야 한다.
③ 기업의 총체적 사업계획을 수립한다.
  • 진출사업에 대한 철저한 사업 타당성 검토
  • 목표시장 접근계획, 투자자금 조달방안, 인력 수급계획 등
④ 사업목표에 따른 투자형태를 결정(合作, 合资, 独资)한다.
⑤ 단계적 체계적인 투자계획을 수립(중국의 경제환경, 기술력 참조)한다.
⑥ 이미 진출한 선발주자의 사례연구 또는 협력가능성을 검토한다.
⑦ 협력사 또는 하청회사와의 동반진출 방안을 검토한다.
⑧ 현지기업과의 협력 가능성을 검토한다.

(2) 투자지역 선정

① 중국은 31개성·시·자치구로 구성된 방대한 시장으로
단기간에 중국 전체시장을 개척하는 것은 불가능하다.
따라서 선택과 집중의 전략으로 단계적인 시장 확대전략
이 바람직하다.

② 지역별 경제환경, 지방정부의 정책방향(외자기업이 적
은 지역은 지방정부의 협조를 얻기가 용이함), 교통·운
수 및 물류비용 등을 검토한다.

③ 경제특구·경제기술개발구·보세구·도시지역·농촌지
역 등의 우대조치나 투자환경에 대한 정보를 수집한다.

(3) 유능한 파트너를 선정

① 중국 파트너의 역할이 이전에는 토지의 제공자에서 최근
에는 영업유통망 또는 자금의 제공자로 전환되고 있다.

② 파트너와 명확한 권리·책임관계를 설정하고 이를 문서화
한다.

③ 파트너의 도산, 비협조, 책임회피 등에 대한 대비책을 수
립해 놓는다.

④ 파트너의 경영방식, 기술력, 영업능력, 추가투자능력, 신
용상태 등에 대해서 철저히 사전조사 분석해둔다.

(4) 투자자금 · 현물투자

① 자기자금과 현지금융제도의 활용에 의한 적절한 자금조
달 계획을 수립한다.
② 사업계획에 의한 단계적인 실물투자계획을 수립(유동자
금의 확보)한다.
③ 현물투자에 대한 중국의 평가원칙 및 관세 등 제 세금을
분석한다.
④ 파트너의 현물투자(토지 등 부동산, 설비)시 정확한 감
정을 시행한다.

(5) 생산 및 영업활동

① 임금상승, 5대 보험료, 주택공적금 등의 부담으로 저임금
노동력시장으로서의 중국의 매력은 점차 소멸되어 가고
있다.
② 단기적인 이익보다는 이윤에 대한 재투자와 현지화 노력
을 통하여 현지 정부 및 지역주민과의 긴밀한 관계유지가
필요하다.
• 현지인 및 현지 종업원의 문화 · 전통 등 관습요소 중시
• 현지의 노동관계 법규 준수
• 현지 인력에 대한 일체감, 유인책 마련

• 공공기관(세무국, 세관, 행정관서 등)과의 평소 유대관
  계 유지
③ 기술력 등이 고려된 현지 원·부자재 조달을 통한 원가
  절감방안을 검토한다.
④ 자체 영업망을 단계적으로 구축한다.
⑤ 중국기업에서는 접할 수 없는 제품과 서비스를 제공할
  수 있어야 하고, 주요 소비층(중국인구의 5%인 6~7천
  만 명의 고소득층을 포함한 전체 인구의 10%인 약 1억
  3~4천만 명을 중산층으로 분류함)을 목표시장으로 하
  는 고가전략을 구사하여야 한다.
⑥ 각종 해당법률을 숙지하고 투명한 회계처리를 이행한다.

(6) 사업 철수시 신속한 의사결정

① 중국 투자기업의 애로사항 설문조사 결과를 보면 제도
  의 투명성 문제, 원자재 통관의 애로, 외환규제, 중국내
  판매망 구축, 외상대금회수의 애로, 부가가치세 환급지
  연, 노사문제, 파트너와의 불화, 중국내 자금조달, 투자
  제한, 지적재산권 침해, 제품에 대한 수출요구, 부품의
  현지조달 요구, 기술이전 요구 등의 순으로 어려움을 지
  적하고 있다.
② 만일 현지법인이 부실할 경우 추가손실 방지 등을 위한
  사업철수, 매각 등의 신속한 의사결정을 하여야한다.

③ 청산시의 처리절차, 법률관계 등에 관하여 사전검토해
둔다.

(7) 중국에 진출한 한국기업의 전략변화

중국에 진출한 많은 기업들이 이른바 'China Risk'를 타개하기 위하여 대기업을 중심으로 마케팅 전략을 수정 변화시키고 있는바 그 내용을 살펴보면 다음과 같다.

① 중국을 단순한 생산기지로 이용하던 방식에서 탈피

→ 구매·생산·판매·연구개발의 완결 투자체제로 전환하고 있다.

② 중국내 물류비부담을 해결

→ 소비권역별로 생산공장을 설립하여 운송비를 절감하고 있다.

③ 중저가 제품의 생산 판매체제에서 탈피

→ 중국인들의 소득수준 향상, 수요구조의 변화에 부응하여 생산제품을 고급화, 고부가가치화하고 있다.

④ 제품 생산원가의 증가문제를 타개

→ 대기업과 중소기업 또는 협력사가 동반 진출하여 대기업은 중소기업이 생산하여 조달한 원부자재로 완성품을 생산하거나, 직접 원자재 공장을 설립하여 운영하는 사례가 증가하고 있다.

⑤ 중국 내수시장 규모의 확대 및 개방에 부응

→ 별도 판매법인을 설립하거나 영업부서를 설치하고 대리점을 통한 중국 내수판매 조직을 대폭 강화하고 있다.

⑥ 제품 및 가격차별화

→ 세계적 유명 브랜드를 보유하고 있는 제품은 고가전략을, 중견기업의 경우 중고가 전략으로 시장을 공략하는 추세이다.

⑦ 중국내 연구개발 기능을 강화

→ 제품의 중국화 또는 중국 기술인력 활용을 목적으로 현지 연구개발 기능을 강화하고 있다.

⑧ 재투자를 통한 중국사업 확대

→ 중국내 법인의 이윤을 재투자하여 자본금을 증자하거나, 별도의 현지법인을 설립한 후 현지법인이 은행으로부터 자금을 차입하여 설비를 확장 또는 중국 본사(투자성 공사)를 설립하여 중국내 자회사의 지분을 인수하고 있다.

2. 외상투자기업의 형태

중국 경내에서 설립 가능한 외국투자기업의 형태는 합자기업(合資企業), 합작기업(合作企業), 외자기업(外資企業)(이하 외상투자기업이라 함)이 있으며 이들 기업은 중국의 회사법(公司法)에 근거하여 유한책임회사(有限责任公司)와 주식유한회사(股份有限公司)로 분류된다.

합자기업은 투자비율에 따라, 합작기업은 합작계약의 약정에 따라 손익을 부담한다. 합자/합작기업은 주로 중국측 합작선을 이용하여 중국 내수시장을 개척하기 위해서 설립한다.

외자기업(독자기업)은 외국투자자가 자본금 전액을 투자한 기업으로서 최근 외국투자자 단독경영이 자유로운 외자기업이 주된 투자유형이 되고 있다.

구 분	합 자 기 업	합 작 기 업	외 자 기 업
① 근거법	중외합자경영기업법	중외합작경영기업법	외자기업법
② 조직형태	유한책임회사	유한책임회사 주식유한회사	유한책임회사 주식유한회사
③ 이윤분배	출자비율	합작계약 내용	투자자 단독결정
④ 외국투자자 지분	등록자본금의 25%이상	등록자본금의 25%이상	등록자본금의 100%
⑤ 최고권력 기관	동사회	동사회 또는 연합관리기관	동사회
⑥ 동사(董事)	3~13인, 임기4년(연임가능)	3~13인, 임기3년(연임가능)	1~13인, 임기3년(연임가능)
⑦ 인가결정	접수일로부터 3개월이내	접수일로부터 45일이내	접수일로부터 90일이내

(1) 합자/합작기업의 조직구조

합자/합작기업의 조직구조는 주주총회가 없으며 동사회(董事会 합작기업은 동사회 또는 연합관리기관)가 최고권력기관이 되고, 동사회로부터 권한을 위임받은 총경리(总经理)가 일상경영업무를 책임진다.

1) 동사회(董事会)

합자/합작기업은 매년 1회 이상 정기 동사회의를 개최해야하며 동사 1/3이상의 회의개최 요구가 있을 경우 임시 동사회의를 개최한다. 동사회의는 2/3 이상의 출석과 다수결(다음의 ③④⑤⑥사항은 출석한 동사의 만장일치 결의)로 의안을 통과한다.

합자/합작기업 동사회의 권한은 다음과 같다.

① 총경리·부총경리 및 기타 고급관리인의 초빙·임금
결정·해임
② 합자/합작기업을 제3자에게 위탁하여 경영
③ 정관의 수정
④ 합자/합작기업의 해산결정
⑤ 등기자본의 증자 또는 감자
⑥ 합자/합작기업의 합병과 분할
⑦ 기타 보는 중대한 사항

2) 총경리(总经理)

합자/합작기업은 경영관리기구로 동사회에서 초빙한 총경리 1
명, 수 명의 부총경리와 고급관리인원을 둔다.

동사장·부동사장·동사는 합자/합작기업의 총경리·부총경
리 또는 고급관리인원을 담당할 수 있다. 그러나 총경리와 부총경
리는 다른 조직의 총경리 또는 부총경리를 담당할 수 없으며 소속
기업에 대한 다른 경제조직의 상업경쟁에도 참가할 수 없다.

(2) 외자(독자)기업의 조직구조

외자기업은 '외상투자기업 심사비준관리 법률적용 약간문제 집

행의견'에 따라 '중국 공사법(회사법)'의 규정에 따라 회사조직구
조를 설립해야 한다. 즉 주주총회, 동사회, 감사회, 총경리, 고급관
리인원 등의 조직구조를 설립해야 한다.

3. 외상투자기업의 설립절차

(1) 투자업종 선정

중국정부는 외상투자 방향이 중국 국민경제와 사회발전 계획에
부응하고 투자자의 합법적 권익보호에 유리하게 하기 위하여 **'지
도외상투자방향규정(指导外商投资方向规定)'**에 따라 **'외상투자산
업지도목록 (外商投资产业指导目录)'**을 제정하여 투자항목을 권
장항목·제한항목·금지항목·허용항목으로 분류하고 있으므로,
투자자는 먼저 이에 근거하여 중국에 투자가 가능한 업종인지를
확인하여야 한다. 또한 투자지역이 중서부지역이라면 이에 더하여
'중서부지역 외상투자우세산업목록'도 살펴보아야 한다.

'지도외상투자방향규정'은 외국인투자프로젝트를 '권장' '제한'
'금지' '허용'의 4종류로 외상투자 항목을 분류하고 있으며 구체적
인 업종별 분류는 **'외상투자산업지도목록'**에서 구분하고 있다.

또한 **'외상투자산업지도목록'**에는 특정분야의 외국인투자에 대
해서 합자/합작에 한정한다고 규정할 수 있고 또한 중국측투자자
의 지분율 합계가 51%이상이어야 한다거나 어느 일방 외국투자자
의 지분비율보다 높아야한다고 규정할 수 있다.

1) 권장항목(鼓励项目)

　'권장항목'은 관련 법규에 따른 우대정책을 적용받을 수 있다. 예컨대 투자총액의 범위 내에서 수입하는 자가사용설비는 '외국인투자프로젝트 면세불가 수입상품목록'에 기재되어 있지 않으면 관세 및 증치세(부가가치세)를 면제받을 수 있다.

① 농업신기술, 농업 종합개발, 에너지, 교통, 중요 원재료 공업분야
② 히이데그(高新技术), 신진·실용기술로서 세품성능을 개선 하고 기업의 경제효익을 제고하거나 중국내 생산능력이 부족한 신설비, 신재료분야
③ 시장수요에 부응하여 제품의 등급을 향상시키고 신흥시장을 개척하거나 제품의 국제 경쟁능력을 향상시킬 수 있는 분야
④ 신기술, 신설비로서 에너지 및 원자재를 절약하고 자원과 재생자원을 종합이용하거나 환경오염을 방지할 수 있는 분야
⑤ 신소재, 선진 의료설비 생산·물류산업
⑥ 기술서비스 아웃소싱과 물류산업
⑦ 도시 지하철이나 폐수처리 등 공공시설 건설
⑧ 문화예술공연장의 투자
⑨ 긍융리스산업과 선물거래

⑩ 중서부 지역의 인력과 자원우위를 발휘시킬 수 있는
동시에 국가산업정책에 부합하는 분야
⑪ 법률, 행정법규에서 규정한 기타 분야

2) 제한항목(制限项目)

'제한항목'은 업종이나 사안별로 투자제한을 받게 되며, '제한항목' 또는 '허용항목'이라 하더라도 **중서부지역 외상투자우세산업목록'**에 열거된 외국인투자 프로젝트는 '권장항목'에 대한 우대정책을 적용받을 수 있다.

① 기술수준이 낙후한 분야
② 자원절약과 생태환경 개선에 불리한 분야
③ 국가 규정에 의한 보호성 채취를 실시하는 특정 광물의 탐사, 채취 분야
④ 탄산음료 개발
⑤ 옥수수를 사용한 대체에너지 개발
⑥ 일반 선박수리 및 설계
⑦ 오락장 경영
⑧ 부동산 개발업자가 건축한 건물과 주택의 매매 및 중개
⑨ 국가의 점진적 개방산업에 속하는 분야
⑩ 법률, 행정 법규에서 규정한 기타분야

3) 금지항목(禁止項目)

'금지항목'은 사실상 투자허가를 받지 못하는 업종으로서, 외국 투자자가 '제한항목' 또는 '금지항목'의 분야에 투자하려면 개방의 여부 및 그 정도에 구체적인 내용을 조사 확인한 후에 투자를 결정하여야 할 것이다.

① 국가안전에 해롭거나 사회 공공이익을 손상시키는 분야
② 환경오염을 조성하고 자연자원을 파괴하거나 인체건강을 손상시기는 분야(니켈, 카드뮴, 전지 등)
③ 대량의 경작지를 점유하여 토지자원의 보호와 개발에 불리한 분야
④ 군사시설의 안전과 사용효율에 불리한 분야
⑤ 희귀자원(텅스턴, 안티몬, 주석, 희토류 등)의 채굴과 생산
⑥ 자원개발에 필요한 측량산업과 지도 제작
⑦ 정부의 관리가 어려운 업종(인터넷 경영 및 인터넷 서비스 등)
⑧ 골프장 건설 및 경영
⑨ 중국 특유의 공예나 기술을 이용한 분야
⑩ 법률, 행정법규에서 규정한 기타 상황

4) 허용항목(允许项目)

　　권장항목, 제한항목 및 금지항목에 속하지 않는 외상투자 항목은 '허용항목'으로 분류한다. 허용항목의 업종별 분류는 「**외상투자산업지도목록**」 에 기재되어 있지 않지만 제품의 전량을 직접 수출하는 허용항목은 권장항목으로 간주하여 관련 법규에 따른 우대정책을 적용받을 수 있다.

(2) 구체적 설립절차

1) 투자의향서(投资意向书) 작성

① 투자자는 외상투자기업의 설립에 대한 협의 내용에 대해서 투자의향서를 작성하게 되는데, 이는 법인설립 신청 시 제출해야 할 서류지만 법적 효력은 없다.

② 투자의향서는 합자/합작투자의 경우 투자상대방과 체결하고, 단독투자의 경우 해당 투자지역 정부 (개발구의 경우 개발구관리위원회)와 체결한다.

- 투자방식(합자/합작, 독자), 투자규모, 투자기간(합자/합작기간, 경영기간), 출자지분비율, 자금조달방안
- 이사회 구성방식
- 공장설립방법(토지사용권 취득, 임차 등)
- 생산제품의 종류, 규모 및 제품의 판매방안(중국내수, 수출)
- 기술 및 생산설비 도입방법
- 원부자재 조달방법
- 필요인력 및 구성, 임금수준
- 전력, 용수 등의 수요량
- 투자의 경제적효과(수출, 외화회득 등)
- 이윤분배방식
- 합작선과의 분쟁해결방식 등

2) 예비허가(預光核准) 신청

- 사업건의서(项目建议书　합자/합작기업) 또는 설립보고서(设立报告书　외자기업)의 작성

① 예비허가를 받기위해 합자/합작기업은 사업건의서(项目建议书)를 중국측 합작선이 의향서에 근거해서 작성하여 중앙정부 또는 관할 지방정부 투자허가기관(심사비준기관. 일반적으로 대외경제무역합작부문 - 약칭하여 '외경무부'라 칭한다)에 신청한다.

② 단독투자의 경우에는 단독 또는 대리인을 통하여 투자
   허가기관에 외자기업설립보고서(外资企业设立报告
   书)를 제출하여 허가를 신청한다.
③ 사업건의서 및 설립보고서는 정형화된 양식이 있는 것
   은 아니며 투자의향서에 근거하여 작성한다.

3) 기업명칭(企业名称) 예비등기

이는 기업명칭의 중복사용을 방지하고 규정대로 기업명칭을 정
하였는지를 확인하는 절차로서 관할지역 공상행정관리국에 예비
등기한다. 예비등기의 유효기간은 6개월이며 기업명칭에는 행정
구역, 해당업종, 회사의 조직형태가 포함되어야 한다.

4) 사업타당성 연구보고서(可行性研究报告书) 작성

① 사업건의서(또는 설립보고서)에 대해 해당 투자허가
   기관으로부터 예비허가를 받은 뒤 투자사업의 정식허
   가를 받기위한 서류이므로 세심한 주의가 필요하다.
② 투자사업이 국가가 정한 권장업종일 경우 사업타당성
   연구보고서를 비준 받은 후「권장사업확인서 」를 받
   게되며, 이는 추후 세관을 통하여 투자설비를 도입할
   때 면세신청에 필요하다.

❖ 사업타당성 연구보고서 주요내용

- 사업개요 (투자개요 · 방식 · 비율, 합작기한, 이익과 손실의 분배비율)
- 투자자 개요(한국측 및 중국측 파트너의 기본사항)
- 기업규모(생산계획, 공장규모, 수출 및 내수비율)
- 생산계획(원재료 공급, 직원구성, 주요설비 명세 및 평가방식)
- 조직 및 임금(근무방식, 임금수준, 지급방식, 경영관리 등)
- 재무상황(자금조달, 매출액 및 예측이윤액, 외환수지계획)
- 기술상황(기술설비, 중국내 기술수준 등)

5) 계약서(合同书) 및 정관(章程)작성

① 사업타당성 검토보고서를 인가받은 후 투자자 쌍방은 계약서를 체결하고 법인의 정관을 작성하여 심사비준 기관에 인가(비준)를 신청하여야 한다.

② 계약서와 정관은 투자자 쌍방에게 법적인 구속력을 갖는 중요한 문서이므로 신중을 기하여 작성한다.

앞에서 설명한 투자의향서, 사업타당성 연구보고서와 계약서의 내용이 상이할 경우에는 계약서에 근거하여 해석한다.

③ 한편 계약서와 정관은 사업상의 문제로 부득이한 경우 사업철수까지 고려하여 작성하여야 한다.

경영상의 문제등으로 제기될 수 있는 계약의 중도해

지에 대비하여 계약서 작성 시 이러한 문제를 명확히 언급해두어야 한다.

④ 외자기업(단독기업)은 계약서가 필요 없지만 정관은 반드시 작성해야 한다.

- 총칙: 계약 목적 및 준거법
- 계약당사자
- 기업설립
- 경영목적·범위·규모
- 투자총액과 등록자본
- 출자비율·방식·불입기간
- 이윤분배·결손부담의 비율
- 계약당사자의 책임
- 기술이전
- 제품판매방식
- 동사회의 구성과 결의사항
- 경영관리기구(총경리 등)의 구성
- 생산설비 구입·생산기술
- 공장건설
- 노동관리·임금·복지
- 세무·재무·회계감사
- 합자/합작기간
- 해산 및 청산절차
- 보험
- 정관의 개정
- 계약의 수정·변경
- 계약위반의 책임
- 계약의 해지
- 불가항력의 처리
- 법률적용
- 분쟁해결방식과 절차
- 사용언어
- 계약효력 발생일 등

6) 기술도입(引进技术)

① 기술에는 일반적으로 특허기술·Know-how 및 기술서

비스 등이 있으며, 기술출자에는 기술소유권·기술사용
권의 투자방식이 있다.

② 기술출자 시의 요건은 다음과 같다.

- 출자자는 자신이 기술의 합법적인 소유자 또는 권리자
임을 증명해야 하고 제공하는 기술이 완전무결하고 유
효한 것으로 약정한 기술목표의 달성을 보장할 수 있어
야 한다.
- 외상투자기업이 출자하는 기술은 실용적·선진적인 것
으로서 중국내에서 현저한 사회경제적 효과를 가져 오
거나 국제성생력을 가신 것이어야 한다.
- 출자하는 기술은 중국의 자산평가기구에서 평가하며 평
가금액은 등기자본의 20%를 초과할 수 없다. 단 첨단기
술을 출자할 경우에는 등기자본의 35%를 한도로 한다.

❖ **기술양도협정의 내용**

- 기술사용료는 공평하고 합리적이어야 한다.
- 별도의 협정이 있는 경우를 제외하고 기술양도측은 기술양수
측에 제품의 수출지역·수량·가격을 제한하지 못한다.
- 기술양도협정의 기한은 10년 이내이어야 한다.
- 기술양수측은 기술양도협정의 기한만료 후에도 계속 당해 기
술을 사용할 권리를 가진다.
- 기술양도협정을 체결한 쌍방에 의한 개선기술의 상호교환조
건은 대등하여야 한다.

7) 투자인가신청 및 비준증서(批准证书 투자허가증)발급

　상기의 절차가 구비 완료된 후, 설립할 외상투자기업 소재지의 현급 또는 현급 이상 인민정부(또는 개발구관리위원회)를 통하여 심사비준기관에 기업의 설립을 신청한다.

　심사비준기관은 외상투자기업 설립신청서류를 접수한 날로부터 합자기업은 3개월, 합작기업은 45일, 외자기업은 90일 이내에 인가여부를 결정하며 인가시에는 '비준증서'를 발급한다.

❖ 심사비준 신청기관

- 투자총액(증자부분 포함)이 1억$ 이상의 '권장'·'허용'업종과 투자총액이 5천만$ 이상의 '제한'업종 : 국가발전개혁위원회
- 쿼터·허가증 관리항목, 대형 외국인 투자프로젝트 : 상무부
- 투자총액이 1억$ 이하의 '권장'·'허용'업종과 투자총액이 5천만$ 이하의 '제한'업종. 외국투자자에 의한 중국 내자기업 인수(특정업종은 상무부) : 성급 대외경제무역부서
  다만 상무부에 관련 자료를 보고하여야 한다.(상무부는 자료 보고 후 10영업일 이내에 승인 여부를 보고한 기관에 통지한다)

- 투자신청서
- 사업계획서
- 사업건의서(외자기업은 설립보고서)
- 사업타당성 연구보고서 및 동 승인서
- 기술양도(도입)계약서
- 해당업종 관련 기관의 검토의견서
- 기업명칭 등기서
- 계약서 및 정관(독자기업은 정관만 제출)
- 합자/합작 쌍방이 영업허가증 또는 등기증명(사업지등록증), 자금 신용증명(은행잔고증명)
- 선정한 이사장·부이사장·이사의 명부
- 토지사용권의 사용예약, 취득 또는 건물 임대차계약서
- 환경보호증명서
- 심사비준기관에서 요구하는 기타 서류

8) 영업집조(营业执照 영업허가증)발급

① 비준증서를 발급 받은 후 30일 이내에 관할지역 공상행정관리국에 공상등기를 하고 '영업집조'를 발급받는다. 만일 30일 이내에 등기신청을 하지 않으면 비준증서는 그 효력을 상실한다.

② 공상행정관리국은 등기신청 접수 후 10일 이내에 영

업집조를 발급한다.

③ 외상기업의 영업집조가 발급된 날을 당해 외상기업의 설립일로 본다.

- 동사장이 서명한 영업허가신청서
- 심사비준부서에서 발급한 비준증서 부본
- 사업타당성 연구보고서 및 동 승인서
- 계약서 및 정관(독자기업은 정관만 제출)
- 투자쌍방의 영업집조 또는 등기증명(사업자등록증), 자금신용증명(은행잔고증명)
- 해당업종 관련 기관의 검토의견서
- 기업명칭 등기서
- 토지사용권의 사용예약, 취득 또는 건물 임대차계약서
- 이사회 구성원, 정·부총경리의 이력서와 신분증명서
- 공업재산권 또는 비특허기술을 투자할 경우 관련증명서

9) 영업개시를 위한 기타 준비사항

가. 회사인장(公章) 제작 및 외사등기(外事登记)

외상투자기업은 소재지 공안국에서 지정한 인감제작소에서 회사인장, 계약전용인장, 세관신고전용인장, 재무전용인장, 현금전

용인장, 계좌이체전용인장, 법인대표자인장 등을 제작하여야한다.

또한 공안국 외사관리부문(公安局外事管理局)에 외사등기를 신청하여야 하고 이에 필요한 서류는 다음과 같다.

- 영업집조 사본
- 비준증서 사본
- 계약서 및 정관과 이에 대한 심사허가문서
- 회사의 각종 인장
- 외사등기서(外事登记表)

나. 조직기구코드(组织机构代号) 신청

중국정부는 전국의 사업주체를 전산관리하기 위해 전국조직기구 코드를 부여하고 있으며, 외상투자기업도 영업집조를 발급받은 후 기술감독국(技术监督局)으로부터 조직기구코드를 발급 받아야 한다. 이에 필요한 서류는 다음과 같다.

- 영업집조 사본
- 비준증서 사본
- 계약서 및 정관과 이에 대한 심사허가문서
- 사업계획서

다. 외환등기(外汇登记)

영업집조 발급일로부터 30일 이내에 소재지 관할 외환관리국에

서 외환등기를 신청하여 「외상투자기업외화등기증」을 발급받아
서 은행계좌 개설시 사용하며 외환등기 신청 시 필요한 서류는 다
음과 같다.

- 영업집조 사본
- 비준증서 사본
- 계약서 및 정관
- 사업계획서
- 이사회 명단

라. 은행계좌(銀行账户) 개설

외상투자기업은 회사인장을 제작한 후 중국의 외국환은행에서
외환구좌와 인민폐구좌를 개설하여 수입과 지출에 대한 동 은행
의 감독을 받아야 하며, 은행계좌 개설에 필요한 서류는 다음과
같다.

- 영업집조 사본
- 비준증서 사본
- 계약서 및 정관과 이에 대한 심사허가문서
- 외상투자기업외화등기증
- 사업계획서

마. 세무등기(税务登记)

영업집조 발급일(기업설립일)로부터 30일 이내에 소재지 관할 국가세무국 또는 지방세무국에 세무등기를 신청해야하며 필요한 서류는 다음과 같다.

- 영업집조 사본
- 비준증서 사본
- 계약서 및 정관
- 사업계획서
- 이사회 명단

바. 세관등기(海关登记)

공상등기와 세무등기 후 소재지 관할세관에 등기신청 후 '통관 기업증명서'를 발급받아야만 수입화물의 통관수속을 밟을 수 있 다. 세관등기는 출자자본금의 15% 이상 납입이 되어야만 가능하 며 심사기간은 통상 7일이 소요된다.

세관등기에 필요한 서류는 다음과 같다.

- 영업집조 사본
- 비준증서 사본
- 계약서 및 정관
- 사업계획서
- 수입화물명세서

- 심사비준기관이 발급한 설비와 물자 수입허가서
- 부동산 소유권증명 또는 임대차계약서

사. 자본금불입검사(验资)

외국 투자자는 출자액을 불입한 후에는 60일이내에 중국 공인 회계사로부터 자본금불입검사를 받은 후 '출자증명서'를 발급받아서

심사비준기관·공상관리국·세관·재정기관 등에 제출하여야 한다.

아. 기타

이밖에도 영업집조 발급일로부터 30일 이내에 「**재정등기**」, 「**통계등기**」를 하여야 하며 재무회계제도 및 필요시 전산회계 승인신청을 하여야 한다.

또한 업종에 따라서는 영업집조를 발급받기 위해서 또는 영개시하기 위해서 관련법규에 근거하여 관할부서에서 발급하는 **영업허가, 생산허가, 환경허가, 소방허가, 안전허가, 위생허가** 등 각종 허가나 자격을 취득하여야 한다.

한편 공장 기타건물을 신축할 경우에는 **규획허가, 시공허가, 준공검사** 등 건축 관련 각종 인허가를 받아야 한다.

4. 등기자본과 출자

(1) 투자총액과 등기자본

1) 개념

① **투자총액(投资总额)**이란 외상투자기업의 생산수요에 따라 투입하는 기본건설자금과 생산유동자금의 합계금액이다.

외상투자기업의 투자총액(投资总额)은 투자자가 출자등기한 자본금과 차입금으로 구분되므로, 투자총액에서 등기자본을 차감하면 당해 외상투자기업의 차입능력을 알 수 있다.

② **등기자본(注册资本)**이란 외상투자기업 설립 시 기업이 신고하고 공상행정관리국이 심사·확정한 투자자들이 납입하기로 한 출자금의 총액을 말한다.

③ 투자총액은 등기자본과 같거나 그보다 크며, 투자총액에서 등기자본을 차감한 금액(이를 '投注差'라 한다)은 차입금으로 이루어지므로 결국 등기자본에 대한 규제는 차입규모에 대한 규제로 이어진다.

2) 투자총액에 대한 등기자본 및 채무의 비율

국가공상행정관리국이 정한 외상투자기업의 투자총액 규모에 대한 등기자본 비율(곧 부채자본비율)은 다음과 같다.

투자총액	투자총액에 대한 등기자본의 비율
US＄3,000,000이하	투자총액의 70%이상
US＄10,000,000이하	투자총액의 50%이상
US＄30,000,000이하	투자총액의 40%이상
US＄30,000,000초과	투자총액의 ⅓ 이상

외상투자기업이 등기자본 또는 투자총액을 증가할 경우 위의 비율에 부합되어야 하며, 만일 외상투자기업이 특수한 사정으로 인하여 위 규정을 준수하지 못할 경우 상무부와 국가 공상행정관리국의 비준을 받아야 한다.

3) 외상투자기업의 출자기한

① 일시불 납입계약 규정 시
: 투자계약에 등기자본을 일시불로 전부 납입한다고 규정 시에는 영업집조 발급일로부터 6개월 이내에 등기자본을 전액 납입하여야 한다.

② 분할납입 규정 시
: 제1회 출자는 영업집조 발급일로부터 90일 이내에 출자총액의 15% 이상을 불입하여야 하며 투자금액별 투자기한은 다음과 같다.

㉠ 등기자본 US＄50만이하: 영업집조 발급일로부터 1년 이내

ⓛ 등기자본 US＄50만초과 ～ US＄100만이하: 영
업집조 발급일로부터 1년 6개월 이내

ⓒ 등기자본 US＄100만초과 ～ US＄300만이하: 영
업집조 발급일로부터 2년이내

ⓔ 등기자본 US＄300만초과 ～ US＄1,000만이하:
영업집조 발급일로부터 3년 이내

ⓜ 등기자본 US＄1,000만초과: 투자허가기관과 공상
행정관리국의 허가에 의해 출자기한 조정가능

③ 출자기한을 지연할 경우

: 투자자가 투자계약에 규정한 출자기한을 지연할 경우
원 심사비준기관의 허가와 공상등기기관의 등기를 거
쳐서 지연납입절차를 밟아야 한다.
만일 지연납입절차를 밟지 않은 경우 외상투자기업은
자동적으로 해산된 것으로 간주하고 '비준증서'도 효
력을 상실하며 공상등기기관은 직권으로 '영업집조'
를 말소할 수 있다.

[중국 중요 대도시의 소비자성향]

Q_ 한국에서 수입한 질이 우수한 중소기업제품을 중국 상해나 광저우에서 소매하려하는데 베이징과 비교하여 한국중소기업 제품을 중국인을 상대로 판매하기에 비교적 용이한 지역은?

A_ ① 중국의 각 지방은 서로 다른 문화적 특징과 소비심리를 갖고 있다. 예를 들어서 베이징의 소비자들은 체면을 중시하고 자국 브랜드에 대한 선호도가 높으며, 상하이 소비자들은 매우 세심하고 외국 브랜드에 대한 선호도가 높다. 광저우인들은 형식보다는 실용적인 면을 중시하고 가격에 대해서도 민감하다.

② 그러므로 베이징에서는 제품을 보다 고급스럽게 포장할 필요가있고 외상기업은 지역사회에 공헌하는 활동이 필요하다. 베이징이 비교적 남성 중심의 도시라면 상하이는 여성이 소비를 주도하는 도시로서 고품질 생활을 추구하는 여성을 흡인하기위하여 특색있는 프로모션의 채택이 중요하다. 광저우 시장에 진입하려면 제품의 성능과 가격에 주의를 기울여야한다. 브랜드 지명도가 높지 못한 중소기업의 입장에서는 실용주의 의식이 강한 광저우시장을 선택하는 것이 현명하다.

[유한책임회사(有限责任公司)와 주식유한회사(股份有限公司)의 구분]

Q_ 중국 회사법(公司法)상 회사 조직형태인 유한책임회사와 주식유한회사의 차이점은?

A_ 중국 회사법상 유한책임회사는 한국의 유한회사와 비슷하고 주식유한회사는 한국의 주식회사와 비슷하다.

① 유한책임회사는 투자자의 출자금을 한도로 회사에 대하여 책임을 부담하고, 회사는 회사의 재산으로 회사의 채무에 대하여 책임을

부담한다. 유한책임회사의 투자자는 50명 이하이고 회사의 최저등기자본은 3만元(1인 유한책임회사는 10만元)이다.

② 주식유한회사는 주주의 지분을 한도로 회사에 대하여 책임을 부담하고, 회사는 회사의 재산으로 회사의 채무에 대하여 책임을 부담한다. 주식유한회사 설립시 2명 이상 200명 이하의 발기인(주주)이 있어야하고 그중 과반수이상이 중국에 주소가 있어야 하며, 회사의 최저등기자본은 500만元이고, 주식유한회사만이 주식상장이 가능하다.

[투자자의 자격조건]

Q _ 합자/합작기업의 중국측 투자자는 개인자격으로는 불가하다는데 그 여부는?

A _ ① 외상투자기업의 외국투자자의 자격에는 법인뿐 아니라 개인도 가능하다.

② 하지만 합자/합작기업의 중국측 투자자는 원칙적으로 법인만 가능하고 중국인 개인은 될 수 없다. 다만 외국투자자가 중국 내자기업의 지분을 인수하여 외상투자기업으로 변경할 경우 중국인 개인이 그 내자기업의 주주가 된지 1년이 경과하였다면 계속하여 변경 후 외상투자기업의 중국투자자가 될 수 있다.

[중국에서의 기업등기 위탁]

Q _ 중국에 투자시 여러 가지 절차가 요구되어 직접 이러한 절차를 수행하기가 용이하지가 않은 실정이다. 이들 절차를 대행해주는 기관이 있는지?

A _ 중국에서 외상투자기업을 설립하려면 여러 구체적인 절차가 요구된다. 현재 중국의 중요도시에는 이들 업무를 총괄적으로 대행해주는 '회계사사무소'나 '변호사사무소' 또는 '투자자문회사'등이 있으므로 이들 대행사에 법인 설립절차를 위탁하면 투자자가 번거로운 절차를 밟을 필요가 없다.

[경영범위를 벗어난 경영활동의 효력]

Q _ 대련의 D기업은 당초 경영범위를 생산기업으로 심사비준부서의 비준을 받았으나 경영다각화의 일환으로 최근 건설업을 하고자 마침 값싸게 나온 토지사용권을 취득하였다. 기업의 경영범위를 벗어난 이 경영활동은 유효한지?

A _ ① 모든 외상투자기업은 경영범위에 대해 먼저 심사비준부서의 비준을 받은 후 등기신청을 하여야 하고, 그 경영범위가 다른 관계부서의 허가가 필요한 경우 등기신청 전에 관련허가를 먼저 취득하여야 한다.

또한 기업은 경영범위를 명확히 하여야 하고 정관의 규정에도 부합되어야 하며, 등기한 경영범위 내에서 합법적 경영을 하여야 한다.

② 기업의 경영범위는 '허가경영항목'과 '일반경영항목'으로 나누어지며, '허가경영항목'은 기업이 경영범위를 등기신청하기 전에 법규

정에 따라 관계부서에서 허가를 받아야 하는 항목이고, '일반경영항목'은 허가가 필요없이 기업이 등기신청할 수 있는 항목을 말한다.
③ 기업이 등기하지 않은 '허가경영항목'을 경영할 경우 경영활동은 무효가 되고 「무허가경영조사처리단속방법」의 규정에 따라 처벌을 받는다.
한편 등기하지 않은 '일반경영항목'을 경영할 경우 경영활동은 유효하지만 「기업등기관리조례」 및 「기업등기관리조례 시행세칙」의 규정에 따라 처벌 받는다.

[합자/합작기업의 경영권 확보방법]

Q _ 청도 소재 C기업은 합작기업 설립시 출자지분은 한국측과 중국측이 90:10으로 투자하고, 동사장은 한국측이 맡고 동사회는 7:3으로 구성하며, 총경리(경영관리기구)는 중국측에서 담당하기로 합자계약하고 사업을 수행중 중국측과 분규가 발생하여 결국 사업을 철수하였다. 합작기업 설립시 적절한 경영권의 확보방법은?

A _ ① 중국에서 합자/합작기업에서 어느 한쪽 투자자가 100% 경영권을 행사한다는 것은 있을 수 없으며 양쪽 투자자의 공동경영을 피할 수 없다. 합자/합작기업의 경영권은 출자비율, 동사장과 동사회 구성비율, 경영관리기구의 구성 등 이 3가지 요소가 적절히 결합되어야만 경영권의 확보가 가능하다.
② 합자/합작기업에는 주주총회가 없어서 지분비율 자체가 경영권을 결정하지는 못하므로 주주총회나 출자자총회를 통해서 경영권을 행사할 방법이 없다.

③ 합자/합작기업은 동사장 책임경영제 또는 총경리 책임경영제 중에서 하나를 선택하여 합자/합작계약서 및 정관에 명기하게 된다. 동사장 책임경영체제이면 동사장을 맡는 측이 경영권을 가지며, 총경리 책임경영체제이면 총경리가 경영권을 가지게 되고 동사장은 허수아비가 된다.

[합자/합작기업 투자자금의 우선회수]

Q_ 중국측 합작선과 현지법인 설립을 준비중인데 투자자금을 우선 회수할 수 방법이 있는지?

A_① 합자기업은 투자비율에 따라 이익을 배당하고 손실을 부담하므로 투자자는 투자자금을 우선 회수할 수 없다.

② 합작기업은 합작계약의 약정에 따라 이익과 손실을 부담하므로 합작계약에 합작기한 만료 시 합작기업의 고정자산을 중국측 투자자가 소유하는 것을 전제로 하여 외국투자자가 합작기한내에 투자자금을 우선 회수하는 방식을 약정할 수 있다.

[아파트회사의 금지]

Q_ 중국에 진출하여 경비를 절감하기 위하여 임차한 아파트를 사무실과 주거용으로 사용하려한다. 이 경우 영업등기가 가능한지?

A_ 2006년 6월부터 중국 주요지역에서 거주하는 아파트를 사무실로 쓰거나 아파트 전체를 사무실로만 활용하는 '아파트회사'에는 영업집조(영업허가증) 발급을 금하고 있다. 지금까지 대부분의 자영업자나 중소업체들이 비용절감을 위해 이 같은 형태로 회사를 경영

하였으나 앞으로는 상업용 건물에 별도로 사무실을 구해야하므로 자금부담이 늘게 되었다.

[세관등기시 제출서류]

Q_ 중국에서 기업설립 시 세관등기의 제출서류는?

A_ 세관등기의 제출서류는 다음과 같다.

비준증서, 영업허가서, 대외경제무역부문에서 발급한 비준서류, 계약 및 정관, 은행계좌개설증명, 자본금불입검사, 세무등록증명, 조직기구코드증명, 이사회 명단, 수입설비리스트(설비투자가 있는 경우), 임대차증명(토지 또는 건축물), 기업의 재무제도, 기업의 재무담당자명부, 회계장부 설치상황

[투자금액 등에 따른 심사비준(허가)기관]

Q_ 외상투자기업의 설립신청 시 투자금액 등에 따라 허가기관이 다른 것으로 알고 있는데 심사비준(허가) 기관의 구분은?

A_ ① 총투자금액이 US＄1억 이상이고 「외상투자산업지도목록」의 권장/허용항목과 총투자금액이 US＄5,000만 이상의 제한항목

 : 국가발전개혁위원회

② 총투자금액이 US＄1억 이하이고 「외상투자산업지도목록」의 권장/허용항목과 총투자금액이 US＄5,000만 이하의 제한항목

 : 각 성·자치구·직할시의 대외경제무역부서

③ 쿼터·허가증 관리프로젝트와 관련한 외상투자기업의 설립 및 변경사항 또는 대형 투자 프로젝트의 계약, 정관 및 법률상 특별규정이 있는 중요한 사항의 변경(증자, 감자, 지분양도, 합병)

 : 국무원 상무부

[투자인가 신청서류의 미비]

Q_ 투자인가 신청시 신청서류의 준비가 미비한 경우 심사비준기관의 조치내용은?

A_ 한국의 F프랜차이즈업체는 대련 시내에 진출을 계획하고 시장조사를 거쳐서 신청서류를 요녕성 상무주관부문에 설립허가를 신청하였으나 설립신청일로부터 3개월이 경과하여도 신청서류의 미비를 이유로 비준통보를 받지 못하였다.

이렇듯 일부 지방에서는 서류하자를 이유로 비준을 미루는 경우가 있으므로 유통회사를 설립하고자 할 경우 처음부터 신청서류를 완벽하게 준비하여 진행하여야 할 것이다.

[제조업에 소매업종 추가방법과 제한]

Q_ 산동의 S섬유생산회사는 업종다각화를 모색하고자 타사 제품의 여성의류를 구입하여 미국 바이어를 통해서 수출하고자하는데 법률상의 절차는?

A_ ① 상무부가 2005년 4월 2일자로 공포한 「 외상투자 비상업기업의 소매경영범위 추가에 관한 통지 」에 의하면 외상투자 제조업체가 소매업을 추가하고자하면 기존 제조회사의 경영범위에 소매업을 추가하여야 한다. 단 추가업종 매출액이 기업 총매출의 30%를 넘어서는 안 된다.

② 외상투자 비상업기업(제조가공기업 등)이 도소매업종을 추가할 경우 회사 계약, 정관 등을 수정하고 관련 신청서를 작성하여 신청하고 비준증서와 영업허가증, 세무등기증의 관련 항목을 변경하여 재발급 받아야 한다.

[업종등록변경 및 추가절차]

Q _ 북경에서 의류를 제조하는 외자기업을 운영 중인데 허가없이 제품라벨 인쇄를 하고 있다. 새로이 업종을 추가시 절차는?

A _ ① 중국 국내에서 영업활동에 종사하는 기업은 심사비준 또는 등록기관에서 인가한 영업범위 내에서만 영업이 가능하며, 영업범위가 변경되거나 추가시에는 30일 이내에 등록변경이나 추가수속을 필해야 한다.

② 기업이 허가와 등록을 거치지 않고 허가 경영항목을 경영하였을 경우에는 공상행정관리국에서 위법소득을 몰수하고 2만元 이하의 벌금을 부과하며 형법상 불법경영죄에 해당 시 형사 처벌한다.

[도급경영으로 전환시의 조건]

Q _ 중국에 합작회사를 설립한지 3년이 지난 전자회사로서 최근 경영상태가 좋지 않은 탓에 제3의 중국회사에 도급을 주어 도급경영으로 전환하려한다. 이 경우 면세혜택을 받고 수입한 투자설비에 대하여 관세를 보완 납부해야 하는지? 또 도급경영 시 회사가 갖추어야 할 요건은?

A _ ① 제3자에게 도급경영을 맡기더라도 투자설비의 소유권은 이전하지 않기 때문에 면세 수입설비의 관세 보완 납부문제는 발생하지 않는다. 다만 「중외합작경영기업 도급경영 관리규정」에 따라 관련 수속을 밟아야하며 도급경영기간은 일반적으로 1~3년이고 최장 5년은 초과하지 못한다.

② 도급경영을 맡길 경우 합작회사는 다음의 조건을 구비해야 한다.
- 합작회사의 경영항목은 국가 권장 또는 인가업종에 속하여야 한다.
- 합작회사는 합작계약에 따라 등기자본금을 전액 납입하여야 하며, 확실히 경영관리 문제로 자체 제조상태가 유지하기 어려운 경우여야 한다.

③ 도급받는자가 갖추어야 할 조건은 다음과 같다.
- 법인자격을 구비한 동시에 3년 이상 경영활동을 한 중국 또는 외국의 회사
- 도급경영을 맡기는 합작회사와 동일업종을 경영하고, 그 회사의 결손과 경영난을 해결할 수 있는 구체방안을 제출할 수 있고
- 합작회사에 충족한 액수의 위험보증금 또는 그 담보서를 제공할 수 있어야 한다.

[상호변경절차]

Q_ 당사는 중국 전역의 내수시장으로 영업을 확대하면서 회사의 상호를 변경하려하는데 그 절차는?

A_ ① 회사상호를 변경할 경우 먼저 관할 공상행정관리국에 새로운 회사상호를 등록하고 '회사상호 등록변경 통지서'를 수령한다.

② 공상국에서 '회사상호 등록변경 통지서'를 수령한 후 원 심사비준기관에 회사명칭 변경신청을 하고 새로운 비준증서를 교체받고서 다시 공상국에 가서 새로운 영업허가증을 수령한다.

③ 새로운 영업허가증을 받은 후에는 회사 설립시에 진행한 기타 수속을 다시 밟는다.

④ 한편 「기업명칭등기관리실시방법」에 의하면 말소기한이 3년 미만인 회사의 명칭은 사용할 수 없다.

[회사의 주소변경]

Q_ 건물주와의 임대마찰로 부득이하게 회사의 주소를 동일지역의 다른 장소로 변경하여야하는데 그 절차는?

A_ ① 「회사법」과 「기업등기관리조례」에 의하면 회사설립 후 등기주소를 변경할 경우 반드시 새로운 주소에 입주하기 전에 관련 부서의 주소변경허가를 받아야한다.

② 외상투자기업이 법적 등기주소를 변경하려면 먼저 대외경제무역부문의 허가를 받은 후, 공상행정관리국에서 영업허가증과 세무국에서 세무등기증상의 법적주소를 변경하여야한다.

[기술출자시의 지분]

Q_ 서울의 S회사는 기술을 출자하고 중국측은 현금출자 하여 합작회사를 설립하려고 준비중이다. 기술만의 출자도 가능한지?

A_ ① 합작회사 설립시의 등기자본에서 점하는 외국출자자의 지분은 25% 이상이어야 한다. 한편 기술출자시 출자하는 기술의 평가금액은 등기자본의 20%(첨단기술을 출자할 경우에는 등기자본의 35%)를 초과할 수 없다. 그러므로 첨단기술 이외의 기술을 출자할 경우에는 최소한 5%는 현금 또는 현물출자 해야 한다.

② 기술출자하는 경우 당해 기술평가액은 중국의 자산평가기구에서 평가한 금액으로 한다.

[정상조업지연 시 등기허가기관의 조치]

Q_ 서울의 A회사는 청도에 합작회사를 설립하고 제반등기절차를 완료하였으나 상대투자자와의 불화로 계속 정상조업을 하지 못하고 있다. 이 경우 회사등기기관의 조치내용은?

A_ 회사 성립후 정당한 이유없이 6개월이 경과하도록 조업을 하지 않거나 조업후 자의적으로 연속하여 6개월 이상 영업을 중지하였을 경우 회사등기기관은 그 영업허가서를 말소할 수 있다.

[출자기한]

Q_ 서울의 S사는 일본기업과 50:50의 비율로 총 US$500만을 강서성 상주시에 외상투자기업을 설립하려한다. 이 경우 투자기한은?

A_ S사 입장에서는 합작투자이나 중국입장에서는 외상독자투자기업에 해당하며 제1회 출자는 영업집조 발급일로부터 90일 이내에 출자총액의 15% 이상을 불입하여야 하며 나머지 부분은 등기자본 US$300만 초과 ~ US$1,000만 이하의 경우 영업집조 발급일로부터 3년 이내에 전액 출자완료 하여야한다.

[특종설비의 자체제작 사용여부]

Q_ 청도의 T공예품회사는 자사제품생산에 필요한 보일러공기압축저장탱크를 자체생산 할 수 있는 기술을 보유하고 있다. 이 경우 자체적으로 동 기기를 만들어 사용할 수 있는지?

A_ 보일러공기압축저장탱크는 국가품질기술감독국이 지정한 특종

설비에 해당되어「특종설비 안전감독 조례」규정의 제한을 받는다. 즉 특종설비는 법적으로 등록하여야 하며 해당부문의 허가없이 국가에서 통제하는 대형 생산용기를 사사로이 제조하여 사용하는 경우에는 해당 조례에 따라 벌금부과와 함께 해당기기를 몰수할 수 있다.

[교육용 전자출판물기업 설립가능여부]

Q_ 중국에 주재하는 한국인들의 중국어 학습을 위하여 교육용 전자출판물을 제작하여 판매하는 회사를 독지로 설립하려한다. 설립절차는?

A_「외상투자 산업지도목록」을 보면 시청제품 및 전자출판물의 출판, 제작, 발행은 투자 금지품목으로 규정하고 있으므로 교육용 전자출판물의 출판을 목적으로 하는 투자는 현재 불가능하다.

[노래방의 설립]

Q_ 중국에서 한국인밀집지역에서 노래방을 운영하고자 하는데 설립허가를 받기가 쉽지 않다고 하는데 설립이 제한된 구역은?

A_① 중국에서 노래방(卡拉OK)의 설립허가기관은 관할 시·현문화국에서「오락장소관리조례」에 따라 담당하며 주민아파트, 박물관, 도서관, 문화재보호구역의 건축물, 학교, 병원, 공공기관주위, 역전·공항 등 사람들이 밀집된 장소, 건축물 1층 이하, 위험한 화학품창고가 있는 주위에서는 노래방오락장소의 신청을 수리하지 않고 있다.

② 또한 허가가능지역에서도 허가증을 발급하기 전에 통일적인 공시제도를 실시해 새로 신청 설립하는 오락장소에 대해 「행정허가법」의 의견수렴절차에 따라 시민들과 이해관련자들의 의견을 수렴한 후 허가여부를 결정하고 있다.

[외자광고기업의 설립절차]

Q _ 중국에서 외자광고기업을 설립하려는데 그 절차는?

A _ ① 외국투자자는 먼저 국가공상행정관리총국에 설립신청서류를 제출한다. 국가공상행정관리총국은 20일내에 동의여부를 결정한다.

② 국가공상행정관리총국이 '외상투자 광고기업항목 심사확정의견서(外商投资广告企业项目审定意见书)'를 발급한후 외국투자자는 기업 설립지 성급 상무주관부문에 설립신청서류를 제출한다. 상무부는 20일 이내에 동의여부를 결정하며 허가시 '외상투자기업 허가증명(外商投资企业批准证书)'을 발급한다.

③ 외국투자자는 '외상투자기업 항목 심사확정의견서'와 '외상투자기업 허가증명' 및 법률·법규상의 기타서류를 소지하고 기업 등기 등록수속을 한다.

[중요지역 상업성 광고금지]

Q _ 청도지역에서 의류수출입독자회사를 운영하고 있는데 갑자기 구정부에서 건물외벽의 회사안내 간판의 철거를 요구하면서 벌금을 부과하고 있다. 이의 대책은 없는지?

A _ ① 중국정부는 「공공장소 표어 및 선전물 설치허가에 관한 통지」를 통해 공공장소에 표어나 선전광고물을 설치하려면 관할 구정부 옥외광고 판공실의 허가를 받아야 하며 특히 도심 주요지역에 광고물을 부착하려할 경우 시정부나 상급기관의 허가를 받도록 함으로써 난립한 옥외광고 정비에 착수하였다.
② 2008년 올림픽을 앞두고 있는 베이징 등의 중요도시에서는 도심 주요지역과 공공장소에 있는 가로등, 전봇대, 공중전화, 우체통 등에 허가 없이 설치한 상업광고의 부착을 금지하고 무분별한 옥외광고를 정비하고 있는 중이다.

[불고기전문식당의 설립허가절차]

Q _ 북경 왕징지역에 절친한 중국인과 합작으로 불고기 전문식당을 운영하고자 하는데 설립허가 절차는?
A _ ① 외국투자자가 중국에서 합자/합작회사를 설립하려면 반드시 중국의 기업, 사업단위, 또는 기타 경제조직과 합작하여 법인을 설립해야하며 중국인 개인과는 설립이 불가능하다.
② 일반적 투자절차와 동일하게 관할 상무부서에서 심사허가를 받고 공상관리국에 등록수속을 마치고 영업집조를 취득해야하며, 식당업의 특성상 위생허가증과 환경부서 인허가 수속을 필해야 한다.
③ 지역에 따라 차이가 있을 수 있으나 위생허가증 수속은 비준증서와 영업집조를 취득하기 전에 수속하고, 환경부서 인허가 수속은 비준증서와 영업법조를 취득한 후에 수속처리 한다.
④ 위생허가증의 수속은 관련서류를 위생검역국에 제출하고 인가를 받고서 회사는 인테리어 공사를 진행할 수 있으며 인테리어 완료후 위생검역국의 재심사를 신청하여 합격하면 '위생허가증'을 수령할 수 있다.

[미용업소의 설립절차]

Q_ 상해에서 미장원을 개업한 후 점차 중국 중요 도시로 점포를 확장하려한다. 미장원의 설립절차는?

A_ 현재 중국에는 한국의 유명미용업소가 이미 중요도시에 진출해 있으 개별 미용사들의 진출 또한 활발하다.

중국에서 미용업소의 설립절차는 다음과 같다.

① 중국에서 미장원을 설립하려면 먼저 '위생허가증'을 취득한 후 '외상투자기업 비준증서'와 '영업집조'신청 수속을 할 수 있다. 위생허가증은 이후 개설하는 점포마다 취득하여야 한다.

② '위생허가증'을 취득하기 위해서는 종업원들의 건강증명을 관할 위생검역부서에 제출하며 위생검역부서는 현지확인을 거쳐서 '위생허가증'의 발급여부를 결정한다.

[고급호텔의 건립]

Q_ 중국 청도 청양지구에 3,4성급 호텔의 단독건축을 검토하고 있다. 호텔설립 시 필요한 등기자본 및 단독투자가 가능한지?

A_ ① 고급호텔, 빌라, 고급오피스, 국제회의 · 전시센터의 건설과 경영은 「 외상투자산업지도목록 」상 투자제한항목에 해당한다.

② 고급호텔(高档宾馆)이란 3성급 이상의 호텔을 말하며, 등기자본은 실제 호텔건설에 필요한 자금을 신고하여 허가를 받으면 된다. 또한 단독투자도 가능하다.

③ 호텔 설립시에는 먼저 설립지 발전개혁위원회에 설립보고서를

제출하여 예비허가를 받은 후 사업타당성연구보고서에 대한 심사를 득하고서 일반기업 설립과 동일한 절차를 밟으면 된다.

[인테리어 공사업의 설립자본금]

Q _ 중국에 독자로 진출하여 인테리어 공사업을 하려한다. 설립기준 자본금은?

A _ 중국은 건축업에 종사하는 기업에 대하여 엄격한 자질관리를 실시하고 있으며, 인테리어 공사업의 경우 자질등급을 3개 등급으로 구분하여 각각 등기자본금을 달리 정하고 있다.

① 1급 자질의 등기자본금: 1,000만元 이상
② 2급 자질의 등기자본금: 500만元 이상
③ 3급 자질의 등기자본금: 50만元 이상

이중 1급 자질의 인테리어공사 회사의 설립은 상무부가 심사 비준하며 2, 3급 자질의 회사는 성급 상무부서에서 심사 비준한다.

[부동산개발회사(房地产开发公司)의 설립절차]

Q _ 한국에서 펀드를 조성하여 청도와 심양에 부동산개발회사를 설립하여 아파트와 사업점포를 건설하여 판매하려고 준비중인데 그 설립절차는?

A _ ① 중국에서 부동산개발회사를 설립하려면 먼저 토지를 확보해야 하며 토지사용권은 토지관리부서의 토지비축센터에서 공개입찰 방식으로 매각한다.

② 토지사용권을 취득한 후 개혁발전위원회에 사업보고서(또는 설립보고서)와 사업타당성연구보고서 등을 제출하여 심사비준을 받는다.

③ 개혁발전위원회의 심사비준 후 관할 상무부서에 계약서 정관 등을 제출하여 비준을 신청하고 '외상투자기업 비준증서'를 수령한다. 이후 공상등기를 비롯한 필요 등기를 이행한다.

[투자총액(投资总额)의 의미]

Q _ 외상투자기업의 투자 시 투자총액의 의미는?

A _ 외상투자기업의 투자 시 등기자본 이외에 투자총액을 두는 의미는 다음과 같다.

① 투자총액은 "외상투자산업지도목록"의 권장항목에 투자하는 외상투자기업이 소입하는 설비에 대한 관세 및 증치세를 면제받을 수 있는 최고한도이다.

② 외상투자기업은 투자총액과 등기자본의 차액(投注差) 범위 내에서 외화차입이 가능하다.

③ 투자총액은 심사비준부서의 심사비준권한 판단의 기준으로 적용된다.

[출자기한을 지연할 경우의 제재]

Q _ 외상투자자가 사정에 의하여 투자계약에 근거한 출자기한을 지연할 경우의 제재는?

A _ 이 경우 실무상 공상등기기관에서 등기자본 납입지연을 이유로

'영업집조'를 말소하는 경우는 거의 없으나 외상투자기업의 연도검사를 까다롭게 하고 행정처벌을 가하기도 한다.

또한 심사비준기관과 공상등기기관은 외상투자기업의 지점(분공사) 또는 자회사의 설립과 경영범위 증가신청을 접수하지 않는다.

[외상투자기업 연도검사]

Q _ 중국에 진출한 이후에도 매년 관계당국으로부터 연도검사를 받아야 한다는데 이는 어떤 내용인지?

A _ ① 외상투자기업 연도검사란 기업등기기관에서 내년 외상투자기업이 제출한 자료에 따라 기업등기 관련 상황에 대하여 정기적인 검사를 실시하는 것을 말하며, 외상투자기업에 대하여서는 여러 관계부서에서 연합연도검사를 실시한다.

② 연도검사기간은 매년 3월 1일부터 6월 30일까지이며 기업등기기관의 허가를 받아 30일간 연기가 가능하다.

③ 연도검사 실시기관은 대외경제무역부서, 공상행정관리국, 세무국, 외환관리국, 해관, 재정국 등이며 제출서류는 연도검사보고서 사본, 비준증서 부본, 영업집조 부본(지점의 영업집조 부본 포함), 회계감사보고서, 출자검사보고서(당해연도에 출자가 있는 기업), 허가증서(등기 전에 허가항목이 있는 기업), 기타 관계부서에서 필요로 하는 세무등기증, 외환등기증, 외채등기증, 해관등기증, 재무등기증 부본 등이다.

중국의 황당한 표어들

중국은 '표어의 나라'라고 불릴 정도로 표어가 없는 곳이 없다. 최근에는 교통사고를 예방하는 각종 표어가 도로 곳곳에 붙어 있어서 이 표어를 읽느라고 교통사고가 발생한다는 보도까지 있었다.

이들 표어들 가운데는 다음과 같이 황당한 내용도 적지 않다.

〈표어1〉 허난(河南)성 국도변의 표어

'경찰차를 빼앗는 것은 위법이다!'(抢劫警察是违法的!)

〈표어2〉 중국의 산아정책 표어

'한사람이 묶으면(피임수술) 온 집이 영광스럽다!'(一人结扎　全家光荣!)

〈표어3〉 한 철로변에 있는 표어

'철도레일에 눕는 행위는 죽더라도 형사책임을 져야 한다!'
(横卧铁轨　死掉也要负上刑责!)

〈표어4〉 산동성 광케이블 보호표어

'광케이블에는 구리가 들어 있지 않다. 훔치면 벌을 받는다!'
(光铁不含铜　偷盗要判刑!)

〈표어5〉 열차 안에 있는 표어

'차량 안에 청결을 유지하고 과일껍질은 차창 밖으로 던져라!'
(保持车厢清洁　果皮扔出窗外!)

지난 5년간 법 제·개정 해마다 2만여 건
– '관시'보다 준법경영 힘써야

중국이 WTO 가입 이후 2002년부터 2006년까지 5년 동안 각종 법규(法規), 규정(規章 지방정부 차원의 법규), 의견(意见) 및 통지(通知)의 제·개정 건수가 무려 11만여 건에 달한다. 최근 중앙정부 차원의 법률법규 건수는 다소 줄어들고 있지만 지방정부가 발표하는 규정은 크게 증가하는 추세에 있다.

특히 주목할 점은 WTO가입 4차년도인 2005년까지만 해도 시장개방 관련 법률법규가 주류를 이루었으나 2006년 이후에는 세제, 노동, 환경관련 규제성 입법으로 전환하여 중국정책이 기업의 책임과 의무를 강조하는 방향으로 가고 있다.

中国, "우리도 고속철 만들어"

중국이 열차 속도에서 만만디(慢慢地)의 시대와 이별하게 됐다.

중국은 1997년 '티쑤(提速 속도향상)'라는 이름의 제1차 열차속도 업그레이드 사업을 시작하여 시속 200km 넘게 달리는 고속열차 '허시에(和谐)호'를 본격 생산하여 현장에 투입하였다. 허시에(和谐)호의 생산으로 중국은 독일·프랑스·일본에 이어 세계에서 네 번째로 고속열차를 생산하는 국가가 되었다.

허시에(和谐)호가 투입된 구간의 도시 간 열차운행 시간이 크게 줄어들었고 중국 전체의 여객 운송능력은 무려 18%나 증가하게 되며 화물 수송능력도 12% 증가하게 된다.

제3장 외상투자상업기업의 설립

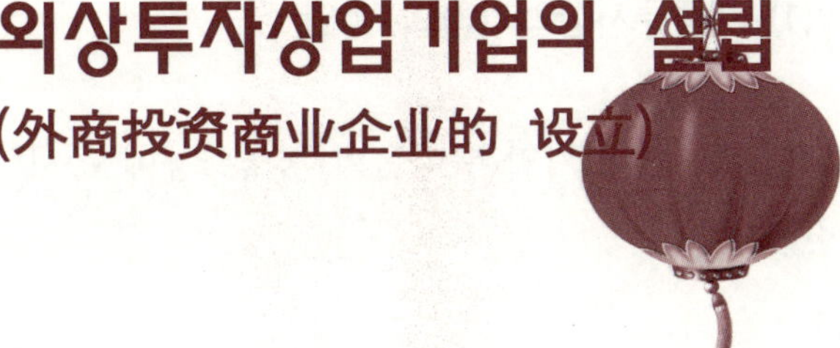
(外商投资商业企业的 设立)

외상투자상업기업

(外商投资商业企业)이란 외상투자유통기업이라고도하며 **도매, 소매, 특허경영** 및 **커미션 대리** 등의 유통관련 경영활동에 종사하는 외상투자기업을 말한다.

여기서 특허경영(特许经营) 업종이란 계약의 체결을 통해 타인에게 자사 상표·상호·경영방식 등의 사용을 허용하고 보수 또는 특허경영료를 수취하는 활동을 가리키며, 커미션 대리(拥金代理)는 화물의 판매대리상·중개인 등이 계약을 통해 타인의 화물을 판매하거나 관련된 서비스를 제공하고 수수료를 받는 활동을 말한다.

1. 외상투자상업기업의 범위와 현황

(1) 외상투자상업기업의 범위

외상투자상업기업은 다음의 경영활동에 종사하는 외상투자기업을 말한다.

> ① 도매(批发) : 소매상과 제조업, 상업, 기관 또는 기타의 도매상을 상대로 물품을 판매하거나 부속서비스를 제공하고 비용을 수취하는 활동
> ② 소매(零售) : 고정된 장소 또는 TV, 전화, 우편, 인터넷, 자동판매기 등을 통해 개인이나 단체소비에 사용하는 물품을 판매하거나 부속서비스를 제공하는 활동
> ③ 특허경영(特许经营) : 보수 또는 특허경영료의 수취를 위해 계약의 체결을 통해 타인에게 자사의 상표, 상호, 경영방식 등의 사용을 허용하는 활동
> ④ 커미션대리(佣金代理) : 물품의 판매대리상, 중개인, 경매인 또는 기타의 도매상이 계약을 통해 타인의 물품을 판매하거나 부속서비스를 제공하고 비용을 수취하는 활동

(2) 외상투자상업기업의 현황

> ① 지난 2001년 11월 중국이 WTO(세계무역기구) 가입 시

양허조건으로 내세운 시장개방 정책가운데 하나인 도매·소매·서비스업에 대한 전면개방을 2004년 12월 11일부터 본격 시행한 이래 중국의 도매·소매·서비스업은 외자도입의 자유화로 큰 폭의 성장을 거듭하고 있다.

② 중국 상무부의 통계에 의하면 2006년 중국정부로부터 비준 받아 신설한 외상투자상업기업은 총 765개 업체로서 총 1500여개 점포를 오픈했으며, 이 중 한국기업은 60여개사에 이르며 각지의 한국인 밀집주거지역을 중심으로 총 550여개의 가맹점을 운영하는 등 괄목할 만한 성장을 거듭하고 있다.

③ 특히 중국 내에서 불고 있는 한류열풍을 등에 업고 진출한 국내 프랜차이즈 업체들의 성공적인 활약상이 전해지면서 중국진출을 준비하는 국내 프랜차이즈 업체들이 늘어나고 있다. 대표적으로 꼬치구이, 아동복, 치킨, 미용, 피자, 생맥주, 제과, 과일쥬스, 두부, 삼겹살, 감자탕전문점, 패스트푸드, 외식업, 대형소매점 등 다양한 업종의 국내 도소매·서비스업 관련 프랜차이즈업체들이 중국에 진출하여 활발한 영업활동을 펼치고 있다.

2. 설립신청

(1) 설립조건

1) 설립조건

중국 상무부가 2004년 4월 16일 반포한 「외상투자 상업분야 관리방법」에 의하면 외상투자상업기업의 설립 시 다음 조건을 구비해야 한다.

① 최저 등록자본금이 「중국회사법」의 관련 규정에 부합해야 한다.

「중국회사법」상의 최저자본금은 유한책임회사는 3만元, 주식유한회사는 500만元이다. 다만 법률·행정법규에 별도의 규정이 있는 경우 그 규정에 따른다.

② 외상투자기업 등기자본금과 총 투자액 비례규정에 부합해야 한다.

※ 총투자에 대한 등기자본 및 채무(投注差)의 비율 국가공상행정관리국이 정한 외상투자기업의 총투자 규모에 대한 최소 등기자본금 비율(곧 부채자본비율)은 다음과 같다.

투자총액	투자총액에 대한 등기자본의 비율
US $ 3,000,000이하	총 투자액의 70%이상
US $ 10,000,000이하	총 투자액의 50%이상
US $ 30,000,000이하	총 투자액의 40%이상
US $ 30,000,000초과	총 투자액의 ⅓ 이상

③ 외상투자상업기업의 경영기한은 일반적으로 30년(중서부지역은 40년)을 초과하지 않는다.

2) 점포개설조건

　외상투자상업기업은 상기의 설립 조건을 구비한 이외에 점포개설 시 다음의 조건에 부합해야 한다.

① 점포개설 지역의 도시발전 및 도시 상업발전의 관련규정에 부합해야 한다.
② 이미 허가받은 외상투자상업기업이 점포증설을 신청할 경우, 상기 제①항의 조건에 부합하는 이외에 별도로 하기 조건에 부합해야 한다.
- 적시에 외상투자기업 연도점검에 참가하고 아울러 연도점검에 합격해야 한다.
- 기업의 등록자본금을 완납해야 한다.

3) 추가 설립조건

　다음업종의 경우 상기 1) 2)의 규정 이외에 추가로 다음의 규정에 부합해야 한다.

① 외상투자상업기업이 도서, 신문, 간행물을 경영할 경우 '외상투자 도서, 신문, 간행물 판매기업 관리방법'

에 부합해야한다.

② 외상투자상업기업이 주유소를 경영하거나 가공유의 소매할 경우 안정적인 가공유공급선이 있어야하며 현지 주유소건설계획에 부합해야한다. 또한 경영시설이 기존의 국가표준과 계량검정관련규정에 적합하고 소방, 환경보호 등의 요구에 부합해야한다.

③ 외상투자상업기업이 약품을 판매할 경우 '약품판매 관리규범'에 부합해야하고, 외상투자상업기업이 자동차 매매를 할 경우에도 당연히 경영범위내에서 경영해야 한다.

④ 도매 업무에 종사하는 외상투자상업기업은 소금이나 담배를 취급할 수 없으며, 소매 업무에 종사하는 외상투자상업기업은 담배의 소매가 금지되어 있다.

⑤ 외상투자상업기업이 경매업무를 수행할 경우 「경매법」 등의 관련 법률에 부합해야 하며 상무부에서 심사 허가한다.

(2) 설립절차

1) 외상투자상업기업 신청서류

외상투자상업기업을 설립하고자 하는 투자자는 해당지역의 성급 상무주관부문에 다음의 서류를 제출하여야 한다.

① 신청서

② 투자 각 측이 공동서명 날인한 사업타당성연구보고서
(可行性硏究报告书)

③ 계약서, 정관(외자 상업기업은 정관만 제출) 및 부속
서류

④ 투자 각 측의 은행신용증명, 등기등록증명(복사본), 법
인대표 증명(복사본), 신분증명(외국투자자가 개인인
경우)

⑤ 투자 각 측의 최근 1년의 회계감사보고서

⑥ 국유자산 평가보고서(중국투자자가 토지 등 국유자산
을 투자하는 경우)

⑦ 설립하고자 하는 외상투자상업기업의 수출입상품
목록

⑧ 이사회명부

⑨ 공상행정관리부문이 발행한 기업명칭가허가통지서
(企业名称预先核准通知书)

⑩ 점포의 토지사용권 증명서류(복사본), 건물 임대차계
약서(복사본). 단 영업면적이 3천 평방미터 이하의 점
포는 제외

⑪ 점포 개설지역의 도시발전 및 도시상업발전의 요구에
부합한다는 설명서류

또한 외상투자상업기업이 체결한 상표·상호 사용허가계약, 기

술양도계약, 관리계약, 서비스계약 등의 법률문건은 계약의 부속
서류(외자 상업기업은 정관의 부속서류로 한다)로 일괄 제출해야
한다.

2) 점포개설 신청서류

이미 설립된 외상투자상업기업이 점포 개설을 신청할 경우 해
당지역의 성급 상무주관부문에 다음서류를 제출해야 한다.

① 신청서
② 점포개설관련 사업타당성연구보고서(可行性硏究报
告书)
③ 수정사항이 있는 경우 수정후의 계약서와 정관
④ 점포개설 관련 이사회결의서
⑤ 기업의 최근 1년의 회계감사보고서
⑥ 기업의 자본금불입검사보고서(복사본)
⑦ 투자 각 측의 등기등록증명(복사본), 법인대표 증명(복
사본)
⑧ 점포의 토지사용권 증명서류(복사본), 건물 임대차계
약서(복사본). 단 영업면적이 3천 평방미터 이하의 점
포는 제외
⑪ 점포 개설지역의 도시발전 및 도시상업발전의 요구에
부합한다는 설명서류

3) 신청절차

외상투자 상업기업의 설립과 점포개설은 다음 절차에 따른다.

① 외상투자상업기업의 기업설립은 일괄신고(一次性申報)와 허가제(核准)에 의한다.

② 외상투자상업기업 및 점포의 개설을 위한 서류를 접수한 성급상무주관부문은 신청서류에 대한 1차 심사를 하며 접수일로부터 1개월 이내에 상무부에 보고해야 한다.

상무부는 신청서류 접수일로부터 3개월 이내에 허가 여부를 결정해야 한다. 설립을 허가하는 경우 '비준증서(批准证书 투자허가증)'을 발급하고 허가하지 않는 경우에는 그 원인을 설명해야한다. 상무부는 상기 신청의 심사허가권을 성급 상무주관부문에 이관할 수 있다.

③ 소매 업무에 종사하는 외상투자 소매기업이 소재지 성급 행정구역내에서 점포를 개설 시, 다음 조건에 부합하여야하고 중앙 상무부의 인가가 필요한 업종 및 품목에 속하지 않는 경우 소재지 성급 상무주관부문이 심사허가로 설립이 가능하다.

• 단일점포 영업면적이 3천 평방미터 이하이고 점포수가 3개 이내이며, 해당기업이 이미 중국내에 설립

한 동종점포수가 30개를 초과하지 않는 경우
- 단일점포 영업면적이 3백 평방미터 이하이고 점포
  수가 30개 이내이며, 해당기업이 이미 중국내에 설
  립한 동종점포수가 3백개를 초과하지 않는 경우
④ 투자자는 비준증서 접수일로부터 30일 이내에 공상행
  정관리기관에 공상등기를 하고 영업허가증(营业执
  照)을 발급 받는다.
⑤ 영업개시를 위한 기타의 준비사항은 외상투자기업의
  절차와 동일하다.

3. 경영범위

허가를 받은 후 외상투자 상업기업은 다음의 업무를 경영할 수
있다.

(1) 소매업 외상투자 상업기업

가. 상품의 소매
나. 자영상품의 수입
다. 중국내 제품을 구매하여 수출
라. 기타의 관련 부대업무

(2) 도매업 외상투자 상업기업

가. 상품의 도매
나. 커미션 대리(경매 제외)
다. 상품의 수출입
라. 기타의 관련 부대업무

외상투자 상업기업은 타인에게 특허경영(프랜차이즈)의 방식으로 점포개설을 허용할 수 있다. 이 경우 국가가 특허경영활동에 대해 별도규정을 정한 경우 그 규정을 준수해야 한다.

또한 외상투자 상업기업은 허가를 받아 단일 품목 또는 여러 품목의 판매 업무에 종사할 수 있으며 취급하는 경영상품의 종류는 계약서, 정관의 경영범위 관련 내용 중에 명시해야 한다.

[출자제한]

Q_ 중국 청도와 심양에 주유소를 설치하여 운영하려고 준비중인데 외국투자자의 출자비율 제한내용은?

A_ ① 동일 외국투자자가 중국내에 개설한 점포가 30개를 초과하는 경우로서 경영상품이 도서, 신문, 잡지, 약품, 자동차(2006년 12월 11일 부터는 자동차업종은 제한 폐지), 농약, 농업용 비닐, 화학비료, 가공유, 양곡, 식용유, 설탕, 면화 등의 상품에 해당하고 아울러 다음의 품목이 동일브랜드에 속하지 않고 동일공급상이 공급한 것이 아닌 경우 외국투자자의 출자비율은 49%를 초과할 수 없다.

② 그러므로 주유소(加油站)의 경우 가공유(汽油 휘발유, 柴油 경유)를 취급하므로 ①항의 타조건에 부합한다면 49%의 출자율 제한을 받게 된다.

[자동차 도소매업의 신청절차 및 심사비준기한]

Q_ 한국의 A기업은 최근 급신장하고 있는 중국의 자동차구매시장을 겨냥하여 중국에서 자동차판매업을 영위하고자 하는데 그 허가절차와 심사비준기한은?

A_ 중국에서 자동차 도소매, 정제유 판매(주유소), 약품유통, 음반영상물 도소매 및 도서/신문/간행물의 판매 등의 특수상품의 유통업은 성급 상무부서가 아닌 국무원 상무부의 심사비준을 받아야 한다.

① 외상투자기업의 경영범위가 자동차 도소매와 관련될 경우 '자동

차판매관리실시방법'의 규정에 따라 먼저 성급 상무부서나 중앙관리기업의 초보심사를 받은 후 상무부에 송부하여 상무부에서 국가공상행정관리국의 의견을 문의한 후 심사비준한다.
② 중국내의 자동차생산기업이 자사의 판매상을 양도할 경우에도 규정에 따라 상무부의 비준을 받아야 한다.
③ 자동차 도소매, 정제유 판매(주유소), 약품유통의 경우 성급 상무부서는 초보심사를 한 후 제반 신청서류를 접수 받은 날로부터 1개월 이내에 상무부에 송부한다. 상무부는 서류를 접수 받은 날로부터 3개월 이내에 비준여부를 결정하며, 설립을 비준할 경우 '외상투자기업 비준증서'를 발급하고 비순하지 않을 경우 그 이유를 설명한다. 또한 상무부는 음반영상물 도소매업은 서류를 접수 받은 날로부터 60업무일 이내, 그리고 도서/신문/간행물의 판매업은 서류를 접수 받은 날로부터 30업무일 이내에 비준여부를 결정한다.

[상무부의 인가를 받아야 하는 업종]

Q_ 한국인이 많이 거주하는 청도지역에서 모 자동차회사의 판매 대리점을 개설하고자 한다. 이 경우 청도지역에서 인가가 가능한지?
A_ 자동차 판매 대리점은 성급 인민정부가 아닌 상무부의 인가가 필요한 품목이다.
중앙 상무부의 인가가 필요한 품목과 업종은 다음과 같다.
① 민감한 경영범위에 속하는 업종: TV, 전화, 통신판매, 인터넷, 자동판매기 등
② 국가관리가 필요한 품목: 철강재, 귀금속, 철광석, 연료유, 천연고무, 화학비료, 제품유, 원료, 소금, 담배, 도서, 신문, 잡지, 자동차, 약품, 농약, 식량, 식용유, 설탕, 면화 등

[완성유 도매, 저장 및 주유소의 설립조건]

Q _ 중국에서 주유소를 설립하여 운영하고자한다. 그 설립조건은?

A _ 중국 상무부는 2007년 1월 1일부터 시행되는 '완성유(정제유) 도매, 저장 및 소매시장에 관한 관리방법'을 공포함으로써 동종업계에 대한 외국기업 투자의 문을 열었다. 그 신청자격 요건은 다음과 같다.

① 완성유 도매경영자격 신청요건:

- 등기자본 3,000만元 이상인 기업으로서 장기적이고 안정적으로 완성유를 공급할 수 있고 유류 저장량이 10,000㎥이상인 기업
- 원유 1회 가공능력이 100만t 이상이고 휘발유와 디젤유 연 생산량이 50만t 이상인 정유기업
- 완성유 수입경영자격 또는 완성유 도매경영자격을 소유한 기업으로서 연 경영량이 20만t 이상인 기업
- 1년이상 완성유 공급계약을 체결하였거나 완성유 연 수입량 10만t 이상인 수입기업

② 완성유 저장경영자격 신청요건

: 등기자본 1,000만元 이상인 기업으로서 유류 저장량이 10,000㎥ 이상인 기업

③ 완성유 소매경영자격 신청요건:

- 완성유 도매경영자격이 있는 기업
- 3년이상 완성유 공급계약을 체결한 기업으로서 주유소의 설계와 시공이 국가표준에 부합하고 국토자원, 계획건설, 안전감독관리, 공안소방, 환경보호, 기후, 품질검사 등 각 부문의 검사를 통과한 기업

[점포설립지역 제한]

Q_중국 요녕성의 소도시에서 소매업을 하려하는데 대도시 이외의 지역에서는 법적으로 불가능하다고 들은바 있는데 사실인지?
A_소매업무에 종사하는 외상투자상업기업 및 그 점포의 설립지역은 2004년 12월 11일 전까지 성 소재지도시(省会), 자치구 수도, 계획단위시와 경제특구로 제한하였다.
그러나 2004년 12월 11일에 외상투자상업기업의 설립을 전면 개방하면서부터는 지역제한을 전면적으로 취소하였다. 그러므로 중국의 어느 지역에서도 소매업의 영위기 기능하다.

[외상투자 상업기업의 인가권한 지방정부로 이양]

Q_2006년 3월 1일부터 외상투자 상업기업의 인가권한이 지방정부로 대폭 이관되었는데 그 영향은?
A_2006년 3월 1일 이전에는 상무부에서 외상투자 상업기업의 설립신청을 받아서 3개월 이내에 인가를 결정하도록 정하고 있어서 실제로 심사 소요기간이 2~3개월이 걸렸으나, 3월 1일부터는 외상투자 상업기업의 설립에 관한 인가권한의 상당부분을 성급 지방정부나 국가급 경제기술개발구로 이관하여서 심사기간이 1개월 내외로 단축되었다.

[외상투자상업기업의 최소자본금]

Q_청도지역에 의류 도·소매법인 설립시 최소자본금은? 참고로 제조업의 최저자본금은?

A _ 외상투자상업기업 설립규정에 근거하여 도매업은 50만元, 소매업은 30만元 이며, 제조업은 US $ 7만이다.

[중국인 또는 교포명의로 기업설립시의 주의점]

Q _ 중국교포 명의로 상해에 소매점을 개설하려 한다. 이 경우 주의할 점은?

A _ ① 일례로 청도의 B회사는 현지 교포 명의로 의류 점포를 개설하였다가 교포가 직접 운영하는 다른 회사가 세무조사를 받는 바람에 그 여파로 결국 문을 닫게 되었다.

이렇듯 한국인이 경영하는 많은 업체들이 외국인 명의로는 설립절차가 복잡하다는 이유 또는 외국인투자가 금지되거나 제한된 영역에 현지인 또는 교포의 명의로 사업체를 개설하였다가 본의 아니게 큰 낭패를 겪는 사례를 흔히 볼 수 있다.

② 중국인의 명의를 차용하여 기업설립시 설립한 기업의 모든 법적인 권리의무는 중국인에게 귀속되어 실질적인 외국투자자의 권익은 법적보호를 받지 못하며, 명의자가 운영하는 기업과 관련된 문제에 대하여도 투자자의 기업이 책임을 부담하는 리스크가 있다.

③ 실무상 부득이 중국인의 명의로 투자를 해야하는 경우 쌍방의 권리의무를 약정하는 투자계약서 또는 출자금 대여계약서를 작성하여 분쟁발생 시 투자원금 반환을 보장받을 수도 있다.

또한 설립한 기업의 실질적 권한은 외국투자자가 행사하여 명의자의 권한행사를 제한하고, 회사의 인장 및 중요서류 등을 외국투자자가 직접 통제함으로써 경영상의 위험요소를 최대한 제거해야 한다.

['수입화장품 위생허가증'을 취득하기 위한 절차]

Q_ 중국에 한국산 화장품 판매를 위한 독자판매회사의 설립을 준비하고 있다. 중국에서 화장품을 수입할 때 국가 위생부가 발행하는 '수입화장품 위생허가증'을 취득하기 위한 절차는?

A_ ① 먼저 국가 위생부가 지정한 검사기관에서 '화장품위생 안전성검사'를 받아야 한다. 검사가 끝나면 검사보고서가 발행된다.

② 국가 위생부 화장품안전심사위원회의 검사 시 위생부가 제정한 '건강관련 상품관리규칙'에 따라 허가 신청자는 원료 배합표, 배합성분, 제조방법, 품질, 검사보고서, 제품라벨, 설명서, 생산국의 제조판매허가서, 제품 견본 등을 제출하여야 한다.

특히 화장품 성분분석은 위생부가 제정한 '화장품 위생규칙'에 따라 421개 종류의 배합금지성분, 67개 종류의 배합제한성분 및 배합제한 방부제 와 색소 등을 검사하게 되어 있다.

위의 절차가 완료되면 위생부에서 유효기간 4년의 '수입화장품 위생허가증'을 발행한다.

③ 화장품 수입업자는 화장품을 수입하기 전에 출입국 검사검역국에서 수입화장품 라벨심사를 받고서 '수입화장품 라벨심사증서'를 취득해야만 수입통관이 가능하다.

④ 중국내에서 수입화장품을 판매 시에는 당해 상품이 수입검사에 합격했다는 사실을 증명하는 검사검역기관 발행의 CIQ라벨을 상품에 반드시 부착하여야 한다.

[중국에서 공연기획회사의 설립]

Q_ 서울에 있는 공연기획회사이다. 중국 현지에서 한류바람을 이용하여 한국 연예인의 공연기획을 위한 회사를 설립하고자 하는데 가능한지? 또 중국에서 한국 연예인이 공연할 수 있는 방법은?

A_ ① 중국의 「영업성 관리조례」에 따르면 '국가는 중외합자경영, 중외합작경영, 외자경영의 문예공연단체, 공연장소 및 공연중개회사의 설립을 금지한다'라고 규정하고 있으므로 현재 중국에서 영업적 공연에 대한 외국투자를 금지하고 있다.

② 중국에서 공연관련항목의 심사허가는 문화부서에서 수행하고 있고 중국 내자관련업체는 공연회사, 공연중개회사, 섭외공연회사 3가지로 구분하고 있다. 이중 섭외공연회사만이 외국과의 공연활동을 개최할 수 있다. 그러므로 한국 연예인이 중국에서 공연활동을 하기 위해서는 이 섭외공연회사를 통하여 가능하다.

[중국에서 병의원 설립방법]

Q_ 한국의 C종합병원에 근무하는 치과의사다. 중국에 진출하여 병의원을 운영할 수 있는지?

A_ ① 외국인은 「중외합자/합작 의료기구 관리잠정방법」에 따라 중국 위생부와 대외무역경제합작부(외경부라 칭함)의 인가를 받아서 중국측 의료기관과 합자 또는 합작형식(독자는 불가능 함)의 병원과 진료소를 설립할 수 있으며 「의료기구 기본표준」을 충족시켜야 하는 이외에 투자총액이 2,000만元 이상이어야 한다. 설립조건은 의사는 자국의 전문자격증을 소지해야하며, 성급 위생주관부서

의 인가를 추가로 받아야 한다.

② 한국에서 사용중인 의료장비를 중국에 수입시 먼저 국가품질 관리감독총국의 심사와 검증을 받아야하며 허가를 받은 후 대외경제무역부서에 신고하고 통관한다.

[외상투자광고기업의 설립]

Q _ 한국의 A광고회사는 급격히 성장하고 있는 중국의 광고시장에 진출하기 위해 준비중이다. 독자형식으로도 투자가 가능한지?

A _ ① 중국은 「 외상투자 광고기업 관리규정 」에 의거하여 합자/합작 광고기업 또는 독자투자 형태인 외자광고기업의 설립이 2005년 12월 10일부터 허용된다.

합자/합작 광고기업의 외자 지분비율은 최고 70%를 초과할 수 없다.

② 외상투자광고기업의 투자자는 자국에서 광고 업무를 주경영하는 기업으로서 설립되어 3년(합자/합작기업은 2년) 이상 운영된 기업이어야 한다.

③ 외상투자광고기업의 설립절차는 먼저 국가 공상관리총국에서 '외상투자 광고기업프로젝트 심사확정의견서'를 수령한 후 상무부서에서 '외상투자기업비준증서'를 취득하고 공상행정관리부서에서 '영업집조'를 받는다.

[외자여행사의 설립]

Q _ 서울의 T여행사는 중국을 여행하는 한국 관광객과 한국을 여행하는 중국관광객에게 관광 서비스를 제공하기 위해서 중국현지에

독자적인 외자여행사의 설립을 계획하고 있다. 현재의 중국법상 중국에서의 여행사 설립이 가능한지?

A_ ① 중국은 2001년 WTO 가입 시 중국내에서 합자여행사의 설립을 허용하였으며 6년 후에는 100% 외자여행사의 설립을 허용하겠다고 발표하였다.

② 중국은 WTO 가입 이후 「여행사 관리규정」을 통일하여 중국여행사와 외자여행사에게 동일한 법규를 적용하고 있으나, 합자여행사는 중국인을 대상으로 해외여행 영업을 하거나 중국내에 지사나 사무소 등의 分기구의 설치도 금지하여 왔었다.

③ 2007년 7월 1일부터는 여행업을 전면 개방하여 100% 외자여행사의 설립을 허용하고 외국여행사가 단독자본으로 중국에 지사를 설립할 수 있음은 물론 최저등록자본금(250만元) · 업무영역 · 세금 등의 분야에서 중국여행사와 동일한 대우를 받고 있다.

④ 또한 '외상투자지주여행사 및 외상독자여행사 설립규정'에 의하면 외상투자지주여행사의 외국투자측의 연간 여행업매출액은 4,000만＄이상, 외상독자여행사는 연간 여행업매출액이 5억＄이상이어야한다고 규정하고 있다.

[완구제품 강제인증제도 시행]

Q_ 심천의 S기업은 어린이 완구제품을 생산하여 수출과 내수를 하고 있다. 중국정부에서 시행을 발표한 강제인증제도의 내용은?

A_ 2007년 6월 1일부터 아동차량, 전기장난감, 프라스틱장난감, 금속장난감, 발사성완구(장난감 총 등), 인형 등 6종의 완구제품은 반드시 중국강제인증제도(CCC) 자격을 부여받아야 하며 CCC 마크를 받지 못하면 생산, 판매, 수입이 전면 금지된다.

[중국 학원서비스시장의 개방현황]

Q_ 중국에서 중국인을 상대로 한국어학원을 경영시 가능한 투자형태는?

A_ 2007년 6월 30일 현재 중국서비스시장의 개방현황을 보면 경영성 학원의 경우 독자, 합자, 합작투자 모두가 가능하다. 참고로 기타 업종의 개방현황은 다음과 같다.

① 교육서비스
- 중국인학교 설립 : 합자만 가능
- 외국인학교 설립 : 독자, 합자 가능

② 광고회사 : 독자, 합자 가능

③ 임대업 : 독자, 합자 가능

④ 전시컨벤션 서비스 : 독자, 합자 가능

⑤ 컨설팅 서비스 : 독자, 합자 가능

⑥ 인재중개 서비스 : 독자만 가능

[KFC의 체인경영사업 성공사례]

Q_ 중국에서 최다의 체인점을 보유하고 최고의 영업매출을 올리며 중국 요식업 100대 기업 순위에서 수년째 1위를 고수하고 있는 KFC(중국명:肯德基)의 성공비결은?

A_ KFC가 발표한 중국사업 성공의 비결은 효과적인 현지화 전략을 바탕으로 요식업 경영활동의 표준화(체인점 명칭, 체인점 이미지, 음식물의 위생과 품질), 전문화(구매, 배송, 판매, 관리 등 직능의 분리), 일원화(집중구매, 일괄배송, 광고홍보, 직원교육), 단순화

(각 직위와 부문의 간소화와 규범화, 경험요인의 영향축소)를 실현하였다.

[프랜차이즈업체의 설립]

Q_ 한국의 유명 청국장 전문식당체인이다. 중국에서 가맹점을 모집하여 직접 저렴한 원재료를 가공하여 제공하고 아울러 상표권의 유상사용 형식으로 특허경영을 하려면 갖추어야 하는 요건은?

A_ ① 중국 상무부는 2004년 12월 31일에 「상업특허경영 관리방법」을 반포하여 2005년 2월 1일부터 시행하고 있다. 동 규정에 따르면 특허경영은 체인경영의 일종으로서 체인경영에는 직영체인, 특허경영체인, 자유체인의 3가지가 있다.

② 특허경영 당사자는 반드시 계약을 체결해야 하며 특허경영계약의 기간은 일반적으로 3년 이상 이어야하고, 특허경영료는 가입비·보증금·사용비 및 기타 약정비용을 포함한다.

③ 상표권 유상사용 형식에 따른 특허경영을 하려면 다음의 조건을 구비해야 한다.

- 법에 의거하여 설립된 기업으로서 타인의 사용을 허용할 수 있는 상표, 상호 또는 경영모델 등을 확보하고 있어야 한다.
- 가맹점에 장기간 경영지도와 교육서비스를 제공할 수 있는 능력을 구비하여야한다.
- 중국 경내에 1년 이상 경영한 2개 이상의 직영점이 있어야한다.
- 특허자가 물품을 제공할 경우 안전하게 품질을 보장할 수 있는 물품공급시스템과 서비스를 제공할 수 있어야 한다.
- 양호한 신용이 있어야하고 특허경영방식으로 사기활동을 한 기록이 없어야한다.

[제조기업의 중국 내수유통시장 진출]

Q_ 천진의 C기업은 자사제품을 한국의 모기업으로 100% 수출하여 왔으나 직접 중국내수시장 진출을 계획하고 있다. 이 경우 중국 유통시장의 진출이 가능한지?

A_ 중국은 2004년 6월 1일부터 「외상투자상업분야관리방법」을 시행하면서 이미 중국에 투자한 비유통기업도 경영범위를 변경하고 관련 허가를 받으면 내수유통시장의 진출이 가능하다.

① 외상투자 비유통기업은 먼저 투자계약서와 정관의 경영범위 관련 사항을 수정하고 신청서를 작성하여 추가되는 경영범위에 따라 상무부서에서 허가를 받은 후 새로운 '외상투자기업비준증서'를 발급 받으면 된다.

② 외상투자 생산성(제조)기업이 경영범위를 변경하고 계속하여 생산성기업으로 존속할 경우 그 유통업수입은 기업 총매출액의 30% 이하이어야 한다.

③ 외상투자기업이 경영범위를 변경할 경우 상무부서에 제출할 서류는 다음과 같다.

- 신청서
- 유통업 경영범위 추가에 관한 동사회의 만장일치결의서
- 외상투자기업의 수정 계약서와 정관
- 외상투자기업의 원 계약서와 정관의 사본
- 외상투자기업의 수출입상품 목록
- '외상투자기업비준증서'와 '외상투자기업영업집조' 사본
- 등기자본 출자검사보고서

[거류증 신청기한 등]

Q_ 청도의 모 회사는 투자초기에 주재원의 거류증 수속기한을 놓쳐서 벌금을 부과 받았다. 거류증의 신청기한 등에 대해서 알고자 한다?

A_ ① 중국에 1년 이상 체류하는 외국인에게는 '외국인 거류증'을 발급하고, 1년 미만 체류하는 외국인에게는 '외국인 임시거류증'을 발급한다.

거류증을 받아야하는 외국인은 중국 입국 후 30일 이내에 거주지 시·현 공안국에 거류증을 신청하여야 한다.

② D(영주자)비자, Z(주재원과 취업자 및 그 가족)비자, X(유학 연수 등 6개월 이상의 견습자)비자, J-1(장기체류 외국기자)비자의 소유자는 '외국인 거류증'을 발급 받아야 하며 거류증의 유효기간이 곧 합법적인 중국내 거류기간이 된다.

③ F(방문, 시찰, 비즈니스 및 6개월 미만의 연수자)비자, L(여행, 친지방문 또는 단체여행)비자, G(경유자)비자, C(항공기승무원)비자를 소유한 외국인은 중국내 체류기간이 비자기간을 초과하지 않을 경우 거류증 발급수속을 하지 않아도 된다.

④ 기한내에 거류증 수속을 밟지 않았거나 또는 유효기간 만료 후에도 연기수속을 하지 않는 불법체류자에 대해서는 500元/일 총5,000元 이내에서 벌금을 부과하거나 3~10일간의 구류처벌을 하며 경우에 따라서는 강제출국조치를 취하기도 한다.

[주재원의 거류증 취득절차]

Q_ 회사 주재원의 거류증을 취득하기 위한 절차는?

A_ ① 먼저 관할 노동 사회보장국에 취업허가 수속을 하고 취업허가증을 취득해야 한다.

이때의 제출서류는 외국인 고용신청서, 취업자의 학력증서 또는 자격증서 사본, 건강증명서 및 노동부서에서 요구하는 기타서류이다.

② 취업허가증을 수령한 후 주한 중국영사관에서 L 또는 F비자를 Z비자로 변경한다. 이때의 제출서류는 취업허가증, 건강증명서 원본, 거류증신청표 등이다.

③ Z비자를 취득한 후 노동 사회보장국에서 취업증을 수령하고 다시 공안국 출입국관리처에서 거류증을 받아서 비자 연기수속을 한다.

[영구체류증 취득요건]

Q_ 중국에서 외국인이 영구체류증을 취득하기 위한 요건은?

A_ 중국정부는 2004년 8월부터 '그린카드'제를 실시하여 외국인들의 중국내 영구거주를 허용하고 있다. 이 카드를 소지하면 입국사증의 면제를 비롯한 다양한 혜택이 주어진다.

한편 영구체류증을 신청하는 외국인은 중국의 법률을 준수하고 신체가 건강하며 중국에서 범죄기록이 없는 동시에 다음의 조건에 부합되어야 한다.

① 중국에 직접 투자하여 언속 3년간 투자상황이 안정적이고 납세기록이 양호한 자로서 납입자본금이 다음기준 이상이어야 한다.

- 「외상투자산업지도목록」의 권장류 항목 투자액이 US＄50만 이상
- 중국 중서부지역에 투자한 금액이 US＄100만 이상
- 대중국 투자 누계액 US＄200만 이상

② 중국에서 부총경리, 부공장장 이상의 직무를 담당하거나 부교수, 부연구원 이상 및 상응한 대우를 향유하고 연속하여 4년 이상 근무하고 4년내에 중국 체류기간이 3년 이상인 동시에 납세기록이 양호한 자

③ 중국의 국익에 상당한 기여를 했거나 국가가 특별히 필요로 하는 자

④ 상기 ①,②,③호 해당자의 배우자 및 18세 미만의 자녀

⑤ 중국인과의 혼인관계가 5년 이상 유지되고 연속하여 5년간 중국에 거주하였으며 매년 중국 체류기간이 9개월 이상인 동시에 안정적인 생활원천과 주소가 있는 자

베일 벗는 중국 억만장자의 생활

중국부자들의 존재가 외부로 알려지고 있지만 이들의 생활은 베일에 가려져 있었다. 이 가운데 베이징(北京) 부자라면 최소한 창안(长安) 클럽회원권을 가진 공위엔6호(贡院6号) 거주자라는 필수조건이 있다. 이곳은 어떤 곳일까?

베이징 숭심가에 위치한 창안클럽은 1층 로비부터 사치스럽게 장식돼 마치 황궁같은 분위기를 연출하고 있다. 8층에는 베이징 최고의 중국식당 칭쥔홍쥐(清樽红烛)가 있고 9층에는 세계 최고의 재료로 요리하는 일본식당과 이태리식당이 있다.

이 클럽의 회원조건은 기업을 소유한 45~55세 사이의 남성이며 회사 자산이 최소 5,000만元 이상이어야 하고 영어회화가 가능해야 한다. 공위엔6호는 총 3동의 건물로 구성되어 있으며 ㎡당 가격은 4만元~6만元이고 주택의 크기는 133㎡~470㎡이다.

여기에 거주하는 王씨는 베이징에 아파트만 6채를 소유하고 있으며 이들의 가격은 총 5,000만元(한화로 약 65억원) 정도에 이른다. 王씨가 거주하는 집의 응접실 한쪽면은 금박으로 장식했고 침실벽면은 실크벽지이며 말꼬리로 만든 베개, 금가루가 들어간 베니스산 수정전등 등이 있다. 최근 王씨는 베이징 시내의 식당보다는 윈남(云南), 광동(广东) 등 현지에서 음식을 즐기고 있으며 800만元을 지불하고 자가용 비행기를 주문해 놓고 있다.

외부로 잘 알려지지 않은 억만장자, 이들의 생활은 일반 서민들에겐 그저 '꿈'같은 이야기로 들릴 뿐이다.

PART II 투자회수와 사업철수

제1장 투자회수
(投资回收)

1. 이윤분배(利润分配)

많은 중국 투자자들이 투자이후 한국으로의 이익환수에 대하여 우려와 걱정을 하고 있으나 중국법은 외상투자기업의 이익분배나 환수를 보장하고 있으며 실제로 적지 않은 한국기업들이 중국사업에서 취득한 이윤을 환수하고 있다.

한편 외상투자기업의 이윤분배 기준은 합자기업은 출자비율, 합작기업은 합작계약내용, 외자기업(독자기업)은 투자자의 단독 결정에 따른다.

(1) 이윤의 처분순서

외상투자기업은 기업소득세 납부후의 이윤을 다음 순서로 처분한다.

> ① 몰수된 재물손실, 각종세금에 대한 체납금과 벌금
> ② 이월결손금의 보전
> ③ 3항기금(기업준비기금, 기업발전기금, 직공장려 및 복지기금)의 적립
> ④ 투자자에 대한 이윤배당

(2) 이윤배당의 요건

상기의 순서에 따라 마지막으로 3항기금을 공제한 후 이사회가 이윤배당을 확정하면 출자비율 등에 의하여 이윤을 배당한다.

이윤배당과 배당금의 송금을 위해서는 아래의 요건을 충족시켜야 한다.

> ① 전년도의 결손이 보전되지 못한 경우 이윤을 분배할 수 없으며 전년도에 분배되지 아니한 이익은 당해연도 이익에 포함시켜 분배 할 수 있다.
> ② 납입자본(实收资本)이 합자/합작계약에 따른 등기자본(注册资本) 금액에 이르지 않은 외상투자기업은 배당금을 송금할 수 없다.

2. 투자회수 방법(投資回收办法)

투자회수 방법으로는 채무조정을 통한 회수, 합작기업의 합작 계약에 의한 투자자금 우선회수, 등기자본(注册资本) 감소를 통한 투자회수, 중국증시상장을 통한 투자회수 및 지분매각 이외에 이전가격을 통한 회수, 기술사용료·경영지원수수료·판매수수료 등을 통한 회수의 방법이 있을 수 있다.

중외합자/합작경영기업법, 외자기업법 및 관계법 등에서 정하는 가능한 투자회수 방법을 논해보면 다음과 같다.

(1) 채무조정을 통한 회수

외상투자기업은 순자산에 대한 부채비율요건을 충족시키는 한 출자한 차입을 적절히 조합하여 투자구조를 설계할 수 있다.

차입은 출자에 우선하여 상환해야 할 채무이므로 상대적으로 용이하게 회수할 수 있으나 출자의 회수는 상대적으로 쉽지 않다. 그러므로 외상투자기업을 설립시 처음부터 투자사업의 성격에 따라 투자회수 전략을 고려해야 될 것이다.

> ① 외상투자기업의 총투자는 투자자가 출자등기한 자본금과 차입금으로 구분되므로, 총투자에서 등기자본을 차감하면 당해 외상 투자기업의 차입능력을 알 수 있다.
> 그러므로 외상투자기업의 최소등기자본은 총투자 규모

에 따라 결정되며, 총 투자에서 등기자본을 차감한 금액
(이를 '投注差'라 한다)은 채무(차입)로 이루어진다.
② 국가공상행정관리국이 정한 외상투자기업의 총투자 규
모에 대한 최소 등기자본 비율(곧 부채자본비율)은 다음
과 같다.

❖ 총투자에 대한 등기자본 및 채무의 비율 ❖

총투자액	총투자에 대한 등기자본의 비율
US $3,000,000이하	총 투자액의 70%이상
US $10,000,000이하	총 투자액의 50%이상
US $30,000,000이하	총 투자액의 40%이상
US $30,000,000초과	총 투자액의 ⅓ 이상

(2) 합작기업의 합작계약에 의한 투자자금 우선회수

1) 투자회수조건

중국측 투자선과 합작기업의 형태로 진출한 외상투자기업은
2005년 9월부터 시행하고 있는 〈중외합작경영기업 외국합작사 투
자자금 우선회수 비준처리법〉에 의하여 다음의 조건을 충족 시
관계서류를 갖추어 성급 재정기관에 비준신청을 해서 투자자금을
우선회수 할 수 있다.

① 중외합작기업계약서에 약정한 합작기한 만료시 합작

기업의 전체 고정자산이 무상으로 중국합작사의 소유
가 되어야 한다.

② 합작기업의 채무변제는 투자자금 우선회수에 선행한
다는 승낙서를 제출해야 한다.

③ 우선회수 투자자금에 해당하는 합작회사의 채무에 대
해 연대책임을 보증하는 승낙서를 제출해야 한다.

④ 중외합작기업계약서에 기재된 투자금액에 대한 투자
가 완료되어야 한다.

⑤ 합작기업의 재무상태가 양호하고 재무제표상 흑자가
발생하여야 한다.

2) 투자회수방법

외국합작사는 합작기한내에 다음의 방법으로 투자자금을 우선
회수 할 것을 신청할 수 있다.

① 이윤에 대한 이익배당 비율을 확대하는 약정(예를들
면 합작계약에 배당가능이익의 일정한 %를 투자의
조기회수분으로 배당하고 잔여이윤을 투자 자본비율
로 배당한다고 규정하는 방법)

② 국가의 관련 세수규정에 따라 재정·세무기관의 심사
비준을 받아 합작기업의 세전이익에서 회수하는 방법

③ 재정·세무기관과 심사비준기관이 비준한 기타 투자
회수방법

(예를들면 매년의 고정자산감가상각비 만큼을 회수
하는 방법)

(3) 등기자본(注册资本) 감소를 통한 투자회수

이는 모든 외상투자기업에 적용할 수 있는 방법이다.

1) 등기자본 감소의 요건

① 기업의 영업규모와 등기자본을 감소하여야 할 정당한
사유가 있어야 하며
② 등기자본 감소로 인하여 기업의 정상적인 영업활동에
영향이 없어야 하고
③ 등기자본의 감소가 기업채권자의 이익을 해치지 않아야
한다.

2) 등기자본 감소의 제한

외상투자기업은 심사비준가관의 허가를 받은 후 등기자본을 감
소할 수 있으나, 다만 다음의 상황이 없어야 한다.

① 감자 후의 등기자본은 법률과 법규가 정하는 최저법
정자본금보다 낮아질 경우
② 기업이 법적인 분쟁이나 중재과정에 있을 경우
③ 기업이 등기자본의 감소 후 계약에 약정된 영업규모

를 달성 할 수 없을 경우

④ 중외합작계약에서 외국투자자가 투자를 먼저 회수한다고 규정하였고 이미 투자를 회수한 경우

3) 절차

① 외상투자기업은 먼저 원 심사비준기관에 등기자본 감소에 관한 다음의 서류를 제출해야 한다.

- 동사장이 서명한 신청서(생산경영규모 축소의 이유 및 감자 후의 투자총액가 등기자본을 기재)
- 동사회(董事会)의 만장일치 결의서
- 공인회계사의 회계감사보고서, 재산명부
- 채권자명부와 채권자에 대한 보증
- 유관기관의 비준증서와 영업집조 부본

② 원 심사비준기관은 등기자본 감소에 관한 신청을 받은 후 30일 내에 이에 대한 초보적인 동의 여부를 신청기업에게 통보한다.

→ 자본감소 신청기업은 등기자본 감소에 관한 초보 동의서를 받은 후 10일 내에 채권자에게 통지하고, 30일 내에 성급이상 신문에 3차례 이상 공고를 해야 한다.

→ 자본감소 통지를 받은 채권자는 30일 내에, 통지를 받지 못한 채권자는 90일 내에 외상투자기업에게 채무변제를 요구하거나 상응한 담보의 제공을 요구할 수 있다.

③ 외상투자기업은 3차 신문 공고 후 신문공고문과 채권자에 대한 채무변제 또는 담보제공 상황을 제출해야 한다.

→ 원 심사비준기관은 이로부터 30일 내에 비준여부를 최종 결정한다.
→ 원 심사비준기관에서 비준한 결정문은 공상행정관리국, 세무국, 해관
　 등의 관련기관에 제출한다.

④ 등기자본 감소에 관한 비준을 받은 외상투자기업은
　 비준을 받은 후 30일 내에 공상행정관리국에 변경등
　 기절차를 해야 한다.

→ 외상투자기업은 등기자본 감소에 따라 함께 조정된 투자총액에 따라
　 면세수입한 설비의 면세금액이 감자 후의 투자금액을 초과한 경우 해
　 관에 신고하여 추가 납세를 이행해야 한다.

(4) 중국증시상장을 통한 투자회수

외상투자기업도 중국의 상장관련 법률 법규상의 요건을 충족하
면 절차에 따라 상장할 수 있다.

외상투자기업을 상장하기 위해서는 최초 투자시 설립한 유한책
임회사(有限責任公司)를 주식회사(股份有限公司)로 전환하거나
처음부터 주식회사를 설립하여 외경무부(상무부)의 비준을 받아
야 한다.

1) 상장조건 (중국 회사법 제152조)

주식회사가 주권을 상장함에 있어서는 다음 각 호의 조건에 부
합되어야 한다.

① 등기자본이 5,000만 위안 인민폐 이상 이어야하고

② 최근 3년간 연속적으로 이윤이 있어야 하고

③ 액면가로 1,000위안 인민폐 이상을 소유한 주주가 1,000명 이상이여야 하며

④ 발행주식총수의 25% 이상을 일반투자자로부터 공모한다(등기자본이 4억 위안 인민폐 이상인 경우 15%)

⑤ 최근 3년내에 회사에 중대한 위법행위가 없어야 한다.

2) 외상투자기업의 주식발행 요건

처음으로 주식을 발행하는 외상투자주식회사는 다음의 요건을 충족 시켜야한다.

① 상장신청 전 3년간 외상투자기업 연합연검을 통과하고

② 외상투자기업의 경영범위는 「외상투자산업지도방향」의 요건에 부합하며

③ 상장 후 외자주식(外資股份)이 등기자본의 25%이상 이어야 하고

④ 규정에 의한 중국투자자의 지배지위 또는 지배지분율을 계속하여 유지하여야 하고

⑤ 주식상장과 관련된 규정이 요구하는 요건에 부합하여야 한다.

(5) 지분매각(股权转让)

　사업철수를 결정한 외상투자기업은 우선적으로 지분매각 방식을 검토해보고, 이 방식이 여의치 않을 경우 합병과 분할 · 청산 · 파산 등의 방식을 취할 수 있다.

1) 지분매각의 장점

① 합작선의 동의를 받기가 다른 방식보다 쉽다.

→ 사업철수는 반드시 중국 측 합작선의 동의가 필요한데 다른 기타의 방식보다 동의받기가 상대적으로 수월하다.

② 시간적 금전적 손실이 적다.

→ 다른 방식은 수개월에서 수년의 시간이 걸릴 수 있고 부수적으로 더많은 철수비용이 소요된다.

③ 양수인에 의한 사업의 계속성이 보장된다. 직원들과 노동계약을 해지할 필요가 없어서 금전적 보상이 필요없다.

→ 청산 · 파산에 의한 사업철수 시에는 관세와 증치세 면제분과 기업소득세 감면분을 추징당할 수 있다.

2) 지분매각의 절차

　지분매각의 절차는 다음의 순서에 따른다

① 양도 · 양수인 쌍방의 지분양수도 합의(지분양수인

명칭, 매각대금, 매각일자 등을 명기)

② 동사회의 지분매각 의결

③ 한국측 투자회사 동사회(이사회)에서 출자지분 양도를
결의

④ 지분양도계약서의 조인

⑤ 당초의 계약서·정관·동사회 명부를 수정하고 출자
지분을 변경

⑥ 심사비준기관의 주권변경 승인

⑦ 양도실행

⑧ 비준증서변경, 등록기관의 변경등록

3) 신청서류

외국투자자가 소유하고 있는 외상투자기업 투자 지분을 양도할 경우 「외상투자기업 투자자 지분변경에 대한 약간의 규정」 (1997년 5월 28일 시행)에 따라 원 심사비준기관의 비준을 받은 후 30일 이내에 공상행정관리국에 변경등기를 하여야 한다.

가. 원 심사비준기관에 제출해야할 서류

① 투자자 지분변경 신청서

② 지분 양도측과 양수측이 합의한 지분양도계약서

③ 기업의 원래 계약서·정관 및 그 수정합의서

④ 기업비준증서 및 영업집조 사본

⑤ 투자지분 변경에 관한 동사회결의서
⑥ 지분변경 후의 동사회 명부
⑦ 심사비준기관이 요구하는 기타의 서류

❖ 지분양수도 계약서의 내용

- 양도측과 양수측 및 법정대표자의 인적사항
- 양도하는 주권의 지분과 거래가격
- 지분양수도의 기한, 방식 및 장소
- 양수측이 기업계약·정관에 따라 향유하는 권리와 부담해야
  할 의무
- 위약책임
- 적용법률과 분쟁해결
- 합의의 발효 및 종지
- 계약체결의 일시·장소

나. 공상행정관리국에 제출해야할 서류

① 심사비준기관의 지분양도에 관한 비준증서
② 동사장이 서명한 지분변경등기신청서
③ 투자지분 변경에 관한 동사회결의서
④ 법정대표를 변경하는 경우 임명증명과 새 법정대표의
  신분증명
⑤ 지분양도계약서, 원래 계약서, 정관 수정에 대한 보충
  합의서, 양수인의 개업증명과 자금신용증명

4) 심사비준

① 기업은 원 심사비준기관에 규정 서류를 접수하고 심
사비준기관은 접수한 날로부터 30일 이내에 주권변경
비준여부를 결정한다.
기업은 이 날로부터 30일내에 공상행정관리국에 가서
외상투자기업 비준증서 변경수속을 해야 하며,공상행
정관리국은 서류접수일로부터 30일 이내에 변경등기
를 승인한다.

② 중국측 투자자가 주권 전부를 취득한 경우, 기업은 주
권변경 비준일로부터 30일내에 외상투자기업 비준증
서를 반납하고 심사비준기관은 이 날로 부터 15일 이
내에 비준증서 말소통지를 한다.

③ 기업은 비준증서를 변경 또는 말소한 날로부터 30일
내에 등록기관에 등록변경을 신청해야 한다.

④ 양도인과 양수인이 체결한 지분양수도계약은 심사허
가부서에서 피인수기업의 변경된 '외상투자기업 비
준증서'를 비준한 날(批准之日)로부터 효력을 발생
한다.

5) 지분매각의 제한

① 출자지분의 매각은 합작당사자간이나 제3자에게 전
부 또는 일부를 매각할 수 있으나, 아래의 사항을 위

반한 지분매각계약은 무효이다.

- 외상투자기업이 지분을 매각하고자 할 경우 우선 중국측 합작선에게 우선 매입에 대한 의사(先买权)을 확인해야 하며, 합작선의 매입 의사가 없을 경우에는 제3자에게 매각할 수 있다.
- 제3자에게 매각시 합작선에게 처음 제시했던 가격보다 낮을 수 없으며 합작상대방의 동의가 필요하다.

② 외국투자자가 중국투자자에게 주권의 전부를 양도하는 경우를 제외하고 지분변동으로 인하여 외국측 투자자의 투자지분이 기업등록자본의 25% 이하가 되어서는 아니 된다.

③ 지분매각으로 합자/합작투자기업이 외자기업으로 되는 경우에는 「외자 기업법」에서 규정한 외자기업 설립조건에 부합하여야 하며, 심사비준기관의 비준을 받아야 한다.

6) 매각지분의 평가

① 지분 양도시 적정한 평가를 위한 별도의 규정은 없으므로, 매각시점에서 회사의 경영상태·매각이후 회사의 성장가능성·매각비율·매각원인 등의 요소를 종합적으로 고려하여 평가하여야 한다.

② 잔여재산의 평가에서 토지사용권·기술이전 등의 정

확한 평가가 중요하다.

- 중국측 합작선이 출자한 토지사용권이 무상양도(划拔)토지이거나 농민집체소유 토지일 경우, 해당토지의 매각·저당 등이 불가능함으로 실제의 재산가치는 거의 없다고 보아야 한다.
- 기술이 필요한 기계설비 등을 중국 측이 취득하면 그에 포함된 기술마저 중국 측이 취득하게 되므로 계약서 작성 시 이에 대한 내용을 명기할 필요가 있다.

[지분변경의 절차]

Q _ 상해의 S합작가공무역회사의 한국측 투자자는 한국의 다른 K 회사에게 보유지분을 양도하려 한다. 이 경우 지분변경의 절차는?

A _ 외상투자기업이 등록사항을 변경할 경우 변경항목에 대해서 원 심사기관의 비준을 받은 후 30일 이내에 등록주관부문에 등록변경 수속을 신청하여야 한다.

지분등록 변경시 제출서류는 지분변경신청서, 원 심사비준기관의 비준서류, 이사회결의서, 영업허가서, 지분양수도계약서, 계약과 정관의 수정협의서, 양수측의 개업증명과 은행 자금신용증명을 제출해야 한다.

[지분인수방법과 계약서의 내용]

Q _ 이미 설립되어 운영중인 한국외자기업의 지분을 인수하여 중국에 진출하려 한다. 가능한 방법과 지분양수도계약서의 내용은?

A _ ① A회사는 이미 비준을 받고 설립되어 운영중인 회사이므로 원 심사비준기관과 등록기관에 지분변경의 절차에 의해 A회사에의 투자가 가능하다.

② 지분양수도계약서에는 양도측과 양수측의 명칭·주소·법정 대표자 성명, 양도지분액수 및 대가, 양도지분대가의 지급기간과 방법, 양수측의 권리와 의무, 위약책임, 적용법률 및 쟁의해결방법, 효력 개시와 종료, 합의체결일 등이다.

[지분양도계약의 효력발생시점]

Q _ 청도의 C합자기업의 한국측 투자기업은 당초의 지분 50%중 20%를 중국 투자자에게 양도하는 계약을 체결하고 심사비준기관으로부터 주권변경 비준까지 받았다.

그러나 중국 투자자는 회사소유 자산이 과도하게 높게 평가되었다며 지분양수대금을 지불하지 않고 있다. 이에 양측은 중재기관에 중재를 신청하여 현재 심의중이다. 지분양도계약의 효력발생 시점은?

A _ ① 외상투자기업의 주주는 다른 주주 또는 제3자에게 소유지분을 양도할 수 있나. 지분양노계약은 심사비준기관의 비준을 받은 후에야 효력이 발생한다. 그러므로 상기 지분양도계약은 비준기관의 비준을 받았으므로 양도의 효력이 발생하므로 양도측의 승산 가능성이 높다고 볼 수 있다.

② 지분양도가 자산에 관련된 경우 자산평가기구의 가치평가를 거치는 것이 대금과 관련한 분쟁을 줄일 수 있다.

[지분양도와 관련한 납부세금]

Q _ 중국에 투자한 지분을 양도시 납부해야할 세금은?

A _ 외상투자기업이 지분을 양도한 경우 기업소득세, 영업세 및 인지세 등의 세금이 부과된다.

① 기업소득세

: 2001년부터 1월 1일부터 시행되는 '외국기업이 중국 내에서 취득한 이자 등 소득의 소득세 감면문제에 관한 국무원의 통지'에 의하여 지분양도가격과 당초 출자금액의 차액의 10% 기업소득세가 부과된다.(2001년부터 1월 1일 이전에는 '외상투자기업과

외국기업소득세법' 제 19조에 의거하여 20%의 기업소득세를 징수하였다)

② 영업세

: 2002년 12월 31일까지는 지분양도가격의 5%가 부과되고, 투자자가 무형자산 또는 토지사용권으로 출자한 경우 지분을 양도 시에는 양도되는 무형자산의 가치나 토지사용권의 가치에 따라 영업세를 납부하였다.

그러나 2003년 3월 1일부터는 '국가세무총국 지분양도에 관한 영업세문제의 통지'에 의거하여 지분양도에 대하여는 영업세를 징수하지 않는다.

③ 인지세

: 지분양도가격의 10,000분의 5를 납부한다.

[지분양도 시 감면받은 세액의 추징]

Q _ 1997년에 설립한 독자투자회사인데 1999년부터 이익이 발생하여 기업소득세에 대해서 5년간 정기세수감면 혜택을 받아왔다. 2006년에 부득이 현지회사의 지분을 100% 또는 75% 중국회사에 양도하고 철수하고자 한다. 이 경우 세무상 불이익은 없는지?

A _ ① 생산성 외상투자기업의 경영기간이 10년 이상일 경우 기업소득세를 2년간 면제하고 3년간 감면하는 세수우대 혜택을 받을 수 있으나, 경영기간 10년 미만이내에 회사를 양도할 경우에는 외상투자기업은 내자기업으로 전환되므로 이미 감면과 면제받은 세액을 추징당한다.

② 지분을 75%만 양도하고 나머지 25%의 지분을 소유할 경우에는

여전히 외상투자기업에 해당되어 세금감면 등의 세수우대 혜택을 계속 유지할 수 있다.

[현지교포 명의로 투자 후 이익의 회수]

Q_ 중국에서 외자회사를 설립시 설립절차가 번거러워서 현지 교포 명의로 설립하고 이면계약을 작성해두고자 한다. 이 경우 회사에 이익이 발생시 한국으로 이익을 회수할 수 있는지?

A_ 외국인이 이면계약을 체결하여 회사의 지분을 소유할 경우 이면계약 내용은 법적으로 부호받지 못하므로 회사의 이익은 한국으로 회수할 수 없다.

중국남성 성공의 상징은
미녀 아나운서와 결혼?

중국사회 각 분야에서 능력을 인정받은 실력자들이 지성과 미모를 겸비한 방송국 아나운서(播音员)를 아내로 맞아들이는 현상이 유행처럼 번지고 있다. 여자 아나운서들도 든든한 후원자를 남편으로 두면 중앙방송(CCTV)으로 진출하거나 영향력 있는 프로그램을 맡을 수 있기 때문에 재혼도 기피하지 않는다.

☞ 중앙방송(CCTV)의 저녁 7시 메인 뉴스를 진행하는 李修平
: 그녀의 남편은 교통부장관을 역임한 현 湖南성 당서기인 张春贤이다.

☞ 젊음과 미모의 许戈辉
: 남편 丁健은 미국 나스닥시장에 상장된 정보기술(IT)기업 야신(亚信)의 회장으로 중국에서 젊은 재벌로 통한다.

☞ CCTV에서 가장 지성미 넘치는 아나운서로 평가받는 敬一丹
: 화타이(华泰)손해보험사의 王梓木회장이 그녀의 남편이다.

☞ 남편 따라 중앙에 입성한 史小许
: 그녀는 충칭(重庆)TV에서 활동하다 총칭시장이던 蒲海清와 결혼한 후 남편이 국무원 요직으로 승진하자 방송사의 꽃인 CCTV에 입성했다.

☞ CCTV의 저녁뉴스 앵커 李瑞英
: 그녀의 남편은 사회과학원 아태연구소의 수석 연구원 张于燕이다.

☞ CCTV의 마감뉴스 앵커 海霞
: 해외유학파 출신인 罗永章 청화(清华)대학 교수가 그녀의 남편이다.

☞ 미모의 아나운서 沈冰
: 그녀의 남편 蔡建国은 중국 최대 경제도시 상하이에서도 알아주는 부동산 재벌이다.

'배꼽잡는' 중국의 짝퉁 브랜드

중국에서도 짝퉁에 대해 좋지 않은 시선이 많아지는 등 소비문화가 점차 성숙되고 있기는 하나 아직도 버젓이 짝퉁제품이 시중에 팔리고 있다. 그 대표적인 사례는 다음과 같다.

☞ SONY(소니)배터리 → SQNY배터리; 브랜드명의 영문 알파벳 O를 Q로 바꾼 사례
☞ 三菱(미쓰비시)전기 → 四菱전기; 이같이 한자를 변경하는 사례는 흔하게 볼 수 있다.
☞ COCA COLA → CACA CALA; 영문 알파벳 O를 A로 표기하여 얼핏 들으면 발음이 비슷하다.
☞ 사이다 雪碧 → 碧液; 어짜피 碧로 표시된 제품이라는 의미를 준다.
☞ 음료수 QOO → QUU; 영문 알파벳 O를 U로 바꾸어 발음이 비슷하게 만든 짝퉁

맹자 탄생일은 '중국 어머니의 날'

중국 당국은 맹자 탄생일인 5월 18일을 중국 고유의 어머니날로 제정했다. 맹자를 가르치기 위해 세 번 이사했다는 '맹모삼천(孟母三迁), 아들이 학업을 중단하고 돌아오자 짜던 베를 잘라 훈계한 '맹모단기(孟母断机)'의 고사가 전해질 정도로 맹자 어머니는 현모의 본보기로 여겨지고 있기 때문이다. 이는 2006년 11월 이한추(李汉秋) 전국정치협상회의위원이 '1자녀 정책 때문에 대부분이 독자인 중국 청소년에게 효(孝)사상을 높이고, 젊은 부모에게 자식에 대한 책임감을 높이자'며 중국 고유의 어머니날을 만들자는 안건을 제안하면서 전국적인 관심이 쏠리기 시작하면서 얻은 결실이다.

제2장 사업철수
(事业撤资)

외상투자기업의

사업철수는 합병과 분할·청산·파산의 방식을 채택할 수 있으며, 사업철수 절차는 해산요건이 발생하면 이사회나 주주총회 등에서 해산방식을 선정하며 법과 규정에 따른 절차를 이행하고 사업을 철수하게 된다.

1. 합병(合并)과 분할(分立)

외상투자기업이 합병과 분할을 시행하려면 당사자는 중국내의 법률과 법규를 준수하여야 하며 통관·세무·외환관리규정 등에 부합하는 경우에는 기존법인이 향유하던 우대조치를 그대로 누릴 수 있다.

회사의 합병 또는 분할은 회사의 당초 심사비준기관의 승인을 받아야 하며 등록기관에서 회사설립·변경 및 등록말소 관련 수속을 밟아야 한다.

(1) 유형

1) 합병(合并)

합병이란 2개 이상의 회사가 1개의 회사로 병합하는 것으로 흡수합병과 신설합병이 있다.

   ① 흡수합병(吸收合并) : 기타회사를 기존회사에 가입시키고 흡수측은 계속 존재하지만 가입측 회사는 해산한다.

   ② 신설합병(新设合并) : 2개 이상의 회사가 병합하여 1개의 새로운 회사를 설립하고 합병 각 측은 해산한다.

2) 분할(分立)

분할이란 하나의 회사가 둘 이상의 회사로 분리되는 것으로 존속분할과 해산분할이 있다.

   ① 존속분할(存续分立) : 기존회사를 존속하면서 1개 이

상의 새로운 회사를 설립하는 것이다.

② 해산분할(解散分立) : 기존회사는 해산되고 둘 이상
의 회사가 새로 설립되는 경우이다.

(2) 기본조건

① 외상투자자는 출자를 불입 완료하고 실제로 생산·경
영을 개시하기 전에는 회사를 합병 또는 분할하지 못
한다.

② 합병·분할 후의 등록자본은 원 회사 등록자본의 합이
며, 주권비율은 합병·분할 후의 회사 계약·정관에서
확정할 수 있으나 단 외국투자자의 지분 비율은 합병·
분할 후 회사등록자본의 25%이상이어야 한다.

③ 합병·분할 후의 회사는 원 회사의 모든 채권·채무를
승계한다.

(3) 외상투자자의 중국 국내기업 인수·합병

1) 조건

① 중국내자기업은 「중국회사법」에 따라 규범적으로
설립한 유한책임회사 또는 주식유한회사여야 한다.

② 외상투자자는 관련 산업의 투자자 자격에 대한 법

률·법규 및 부문 규정의 요구에 부합하여야 한다.

③ 외상투자자의 주권 비율이 합병 후 회사등록자본의 25%이상 이어야 한다.

④ 기존회사·종업원의 충분한 취업 및 합리적 안치를 보장하여야 한다.

2) 방법

① 주식매입

: 외상투자자는 중국 국내기업이 기존에 소유하고 있는 주식을 인수하거나, 증자시 주식을 매입하여 중국 국내기업을 외상투자기업으로 전환할 수 있다.

② 자산매입

: 외상투자자는 중국에 외자기업을 설립한 후 외자기업의 명의로 중국 국내기업의 자산을 매입하거나, 외자기업을 설립하지 않고 중국 국내기업 자산의 일부를 매입하여 그 자산을 설립하게 될 외상투자기업의 출자로 전환 가능하다.

3) 채권채무

① 주식매입의 경우 중국국내기업의 채권채무는 새로 설립될 외상투자기업이 인수한다.

② 자산매입의 경우의 중국국내기업의 채권채무는 중국

국내기업 자신이 책임진다.

4) 출자기한

① 외상투자자는 공상행정관리국에서 영업허가증 발급일로부터 3개월 이내에 주식매입 또는 자산매입 비용을 지불하여야 한다.

단 특수한 사유로 출자기한을 연장할 경우 관련기관의 심사비준을 받고 영업허가증 발급일로부터 6개월 이내에 주식매입 또는 자산매입 비용의 60%를 우선 지불하고 1년내에 나머지 금액을 지불하여야 한다.

② 주식매입 방식의 경우 반드시 계약서와 정관에 증자될 자본의 출자기한을 정하여야 한다.

일괄출자 시 투자자는 영업허가증 발급일로부터 6개월 이내에 출자를 마쳐야하고 분할출자 시에는 영업허가증 발급일로부터 3개월 이내에 출자자본의 15%이상을 출자하여야야 한다.

(4) 채권자 통지

① 합병·분할 신청기업은 심사비준기관의 예비비준일로부터 10일내에 채권자에게 채권 확인 통지서를 발송해야 하며, 30일 내에 성급이상 일간신문에 3차 이상 공시해야 한다.

② 채권자는 통지서 수령일로부터 30일 이내에(통지서
는 수령하지 못한 채권자는 제1차 공시일로부터 45일
이내) 회사의 채무승계방안에 대한 수정 요구를 제기
하거나 채무변제 또는 상응한 담보를 제공하도록 요
구할 수 있다.

(5) 심사비준

① 심사비준기관은 합병·분할기업이 제출한 합병·분할
관련서류를 접수한 날로부터 45일 이내에 합병·분할 동
의여부에 대한 예비비준을 결정하여야 한다.
② 합병·분할 신청회사는 채권자통지 절차를 마친 후 심사
비준기관에 정식 합병·분할의 비준을 위한 관련서류를
제출하면, 심사비준기관은 서류 접수일로부터 30일 내에
합병·분할 비준여부를 결정한다.

(6) 합병 · 분할의 종결

① 합병·분할의 효력은 심사비준기관이 외상투자기업 비
준증서를 변경 또는 비준 발행한 날로부터 발생한다.
② 합병·분할 후의 존속 또는 신설회사는 영업허가증 변경
또는 수령일로부터 30일 내에 채권자 및 채무자 변경 통
지를 발송하고, 이를 신문에 공고해야 한다.

③ 또한 존속(신설)회사는 영업허가증 변경 또는 수령일로
부터 30일내에 세무·통관·토지관리 및 외환관리 등 관
련기관에서 상응한 등록절차를 거쳐야 한다.

2. 청산(淸算)

중국 현지에서 보면 경영부실 등으로 부득이 철수를 결정한 외
상투자기업 중 적지 않은 기업이 청산 시 합법적인 권리와 이익을
보호하는 방법을 모르고 있어서 투자원금도 회수하지 못하고 심
지어 중국 관계당국으로부터 책임부담판결을 받거나 출입국금지
조치를 당하는 경우를 볼 수 있다.

그러므로 법절차에 따라 제대로 청산절차를 밟는 것은 투자기
업들의 권리와 이익을 수호하고 합법적으로 중국시장에서 철수하
는 방법이다.

외상투자기업의 청산은 '외상투자기업청산방법(外商企业投资
清算办法)'의 규정에 따라서 **'보통청산'**과 **'특별청산'**으로 구분하
며 기업이 자체적으로 청산위원회를 구성하여 청산할 수 있는 경
우에는 **보통청산**에 의하여 청산하고, 기업이 자체적으로 청산위
원회를 구성하여 청산할 수 없는 경우 또는 법에 따라 해산명령을
받은 경우에는 특**별청산**절차에 따른다.

(1) 보통청산

보통청산은 법원의 감독이 필요없는 일반적인 상황하에서 진행되는 청산으로서 기업이 자체적으로 청산위원회를 구성하여 청산을 이행하기 때문에 자체청산이라고도 한다.

보통청산의 절차는 청산위원회 구성·관련기관의 통지 및 채권자 최고·청산재산의 평가와 처분·청산종결의 순으로 진행한다.

기업청산시의 **기업청산개시일**은 기업경영기한 만료일·심사비준기관의 기업해산비준일·법원의 해산판결일·중재기구의 기업계약 종료결정일이다.

1) 청산위원회 구성

① 청산위원회는 전문적으로 청산임무를 수행하게 되는 임시조직으로서 청산개시일로부터 15일 이내에 이사 또는 외부전문가 3인 이상으로 구성하며 청산위원회 주임은 기업의 권력부서(이사회)에서 임명한다. 청산위원회의 구성과 함께 기존기업의 이사, 경리 등의 직권은 소멸한다.

② 다음의 각 사항이 발생한 경우에는 청산위원회 구성원을 교체하여야 한다.

- 청산위원회 구성원이 위법행위를 한 경우
- 채권자의 청구가 있고 정당한 이유가 있는 경우

• 청산위원회 구성원이 사망했거나 행위능력을 상실
  한 경우
③ 청산위원회는 기업재산의 정리, 채권자에게 통지·
  공고, 재산평가, 채권채무정리, 잉여재산 처분, 기업
  을 대표하여 민사소송에 참여하는 등의 청산과 관련
  한 기업현안 업무를 처리한다.

2) 통지와 공고

① 유관기관 통지
 : 청산기업은 청산개시일로부터 7일 이내에 청산사유,
   청산 개시일 등의 청산사실을 기업주관부문·심사비
   준기관·세관·외환관리국·세무기관·공상행정관
   리국·기업계좌개설은행 등 관련단위에 서면통지하
   여야 한다.
② 채권자 통지
 : 청산위원회는 성립일로부터 10일 이내에 채권자에게
   서면통지를 발송하여 채권자가 채권청구를 할 수 있
   게 하여야 한다.
③ 청산공고
 : 청산위원회 설립일로부터 60일 이내에 3회 이상 전국
   일간지 1종과 해당지역 성급 또는 시급 1종에 각각 청
   산사실과 채권자 공고문을 게재하여야 한다. 단 1차

공고는 청산위원회 설립일로부터 10일 이내에 공고하
여야 한다.

④ 채권자 접수

: 채권자는 통지접수일로부터 30일내에(통지를 수령하
지 못한 채권자는 1차 신문공고 후 90일 내) 청산위원
회에 증빙자료를 첨부하여 채권신고 한다.

⑤ 채무변제와 이의제기

: 청산위원회는 채권신고를 심사하여 심사결과를 채권
자에게 통지해야 한다. 채권자는 심사결과에 이의가
있으면 15일 이내에 재사정을 요구할 수 있으며, 재사
정에 이의가 있을 경우 중재 또는 소송을 제기할 수
있다.

⑥ 채권변제 순서

: 청산재산은 청산비용을 우선 지불한 후, 종업원 급여
및 노동보험비, 국가세금, 기타 채무순으로 변제한다.
그리고 남은 재산이 있으면 실제 출자비율에 따라 분
배한다.

⑦ 국외송금

: 외국측 합작선은 분배된 재산에 대해 국외로 송금할
수 있으나, 출자액을 초과하는 부분은 이윤으로 간주
하며 기업이 납부하는 세율에 따라 소득세를 납부해
야 한다.

3) 기업행위 무효

청산개시 전 180일 이내에 발생한 다음의 행위와 청산기간에 참여한 신규 경영활동은 무효이며, 청산기간 내에 외상투자자는 기업의 재산을 임의로 처분할 수 없다.

① 기업재산의 무상양도
② 비정상적 덤핑가격에 의한 기업재산 매도
③ 재산담보가 없는 채무에 재산담보 제공
④ 채무의 기한 만료 전 상환
⑤ 청산기업 채권의 포기

4) 청산재산의 평가와 처분

① 청산재산의 평가와 처분은 계약·정관에 관련규정이 있으면 계약·정관에 따르고, 관련규정이 없으면 투자 쌍방이 상호 합의하여 결정하고 심사비준기관의 비준을 받아서 평가한다.
② 상호합의가 이루어지지 않는 경우에는 청산위원회에서 관련규정 및 자산평가기구의 의견을 참조하여 결정한다.
③ 청산재산을 매각하는 경우 기존투자자에게 우선구매권이 있으며 높은 가격을 제시하는 측에게 처분한다. 또한 외상투자기업이 청산재산을 처분할 경우 동등한

조건에서는 중국의 기업 혹은 경제조직이 우선구매권
을 갖는다.

5) 노동계약 해제와 경제보상금 지급

① 노동법 규정에 의거하여 기업이 청산으로 인하여 해
산되어 직원과의 노동계약을 해제하는 것은 합의에
의해 노동계약을 해제하는 경우에 속하므로 기업은
직원에게 경제보상금을 지불해야 한다.

② 경제보상금 지급기준은 직원의 근무기간에 근거하여
만 1년 근무 시 1개월의 임금에 해당하는 경제보상금
을 지급하되 최대한 12개월의 경제보상금을 지급해야
한다. 이 경우 1년 미만 근무한 경우에는 1년으로 계
산한다.

6) 청산종결

① 기업청산기한

: 기업청산기한은 청산개시일로부터 기업심사비준기관
에 청산보고서를 회부한 날까지이며 최고 180일 이내
에 종결해야 하나, 연장을 원할 경우 만료 15일 전 심
사비준기관에 연기신청을 하여야 하고 최고 90일간 연
장이 가능하다.

② 청산보고서 작성

　: 청산절차가 종결되면 청산위원회는 청산원인, 기한, 과정, 채권채무 처리결과, 청산재산 처분결과 등의 내용을 담은 청산보고서를 작성하여 의결기구의 확인을 받은 다음 심사비준기관에 보고 등록하여야 한다.

③ 관련기관 비준

　: 심사비준기관에 보고 등록보고 후 10일내에 세무기관과 해관에 등록 말소수속을 한다. 세무기관 등에서 말소등록을 한 후 10일내에 해당 공상행정관리국에 보고하여 기업등록말소 수속을 하고 '영업집조'를 반납한다.

④ 청산결산공고

　: 2종 신문(전국일간지, 성급 혹은 시급 일간지)에 기업종료 공고문을 게재하여야 한다.

⑤ 회계자료 등의 보관

　: 청산이 완료된 후 기업등록말소 수속을 하기 전에 보관하고 있는 각종 회계장부 등의 보관자료는 합자/합작 기업은 중국측 투자자에게 인계하고, 외자기업은 기업심사비준기관이 지정한 단위에서 보관한다.

(2) 특별청산

특별청산은 특별청산 사유가 발생한 경우 투자기업의 이사회, 투자자 또는 채권자가 기업심사부서나 법원에 신청하여 진행하는 청산을 말하며 특별청산의 절차는 보통청산의 절차를 준용한다.

1) 특별청산 사유

① 기업이 스스로 청산위원회를 구성 하지 못하거나
② 보통청산의 규정에 따라 청산을 진행하는 과정에서 장애가 발생한 경우
③ 자산이 채무를 감당하지 못할 가능성이 있는 경우
④ 심사비준기관기관이 영업을 중단하도록 명령한 경우

2) 청산위원회

① 특별청산 사유에 의하여 특별청산이 결정되면 심사비준기관이나 심사비준기관이 위임한 부문이 외상투자자·관련기관의 대표·관련 전문가와 함께 특별청산위원회를 구성한다.
② 특별청산위원회는 심사비준기관에서 지명하는 주임(主任) 1명을 법정대표로 선임하여 청산기간동안 그 직권을 행사한다.
③ 특별청산위원회는 기업 의결기구회의와 채권자회의를 소집하고 청산 관련 사무를 처리하며 그 활동을 심사비준기관에 보고한다.

3) 채권자회의

① 모든 채권자는 채권자회의의 구성원이며 채권자회의

에서 의결권을 행사한다. 단 재산담보채권자가 우선
변제받을 권한을 포기하지 않았을 경우에는 제외한다.
② 채권자회의는 청산위원회가 소집하며, 채권자회의 소
집 15일전에 서면으로 채권자에게 통지하여야 한다.
③ 채권자회의는 채권자가 제공한 채권증명자료·채권
금액 및 담보상황을 심사하며, 채무변제 상황을 파악
하고 청산위원회에 청산안 및 채무변제 상황에 대한
채권자의 의견을 제출한다.

(3) 법률책임

① 청산기간에 기업이 신규 경영활동을 전개하는 경우, 채권
자에게 서면통지를 하지 않았거나 공고문을 게제하지 않
은 경우
: 그 시정을 명하고 1만元 이상 10만元 이하의 벌금을 부과
한다.
② 기업이 청산기간에 재산을 은닉하거나 대차대조표 · 재
산명세서에 허위기재하는 경우
: 기업채무를 변제하기 전에 기업의 재산을 분배하였을 경
우에는 그 시정을 명하고 은닉재산 또는 배분재산가액의
5% 이상 10% 이하의 벌금을 부과하고, 직접책임이 있
는 주관부서와 책임자에게 1만元 이상 10만元이하의 벌
금을 부과한다.

③ 청산위원회 구성원이 직권을 이용하여 부정행위로 불법
소득을 취득했거나 기업의 재산을 점유하였을 경우
 : 불법소득을 몰수하고 점유한 재산을 반환함과 아울러 불
법소득의 1배 이상 5배 이하의 벌금을 부과한다.
④ 「외상투자기업청산방법」의 규정을 위반하여 범죄를
구성하였을 경우: 형사책임을 추궁한다.

3. 기업파산 (企业破产)

중국은 2007년 6월 1일부터 새로운 「중국기업파산법」을 제정
하여 시행하고 있다. 신 기업파산법이 시행되기 이전의 중국의 파
산제도는 국유기업에 한하여 적용한 「파산법」과 외상투자기업
을 포함한 기타기업에 적용한 「민사소송법」제 19장으로 구성
되어 있었다.

이전의 파산제도는 통일적이고 완전한 파산 법률로는 미흡하다
는 지적에 따라 새로운 기업파산법을 제정하기에 이르렀으며 신
기업파산법은 기업의 파산절차를 규범화, 채권채무의 공평한 정
리, 채권자와 채무자의 합법적 권익을 보호 및 사회주의 경제질서
유지를 목적으로 제정되었다.

외상투자기업이 법에 따라 파산령을 선고받고 해산되어 청산하
는 경우에는 새로운 「중국기업파산법」과 「외상투자기업청산
방법」의 '특별청산' 관련규정에 따라 청산한다.

(1) 파산신청과 수리(破产申请和受理)

1) 파산신청

① 채무자
: 기업(채무자)이 기일 내에 해당 채무상환이 불가능한
경우, 회사자산으로 부채전액을 변제할 수 없거나 부
채상환 능력이 부족한 경우 기업은 인민법원에 구조
조정, 화해 또는 파산청산을 신청할 수 있다.
② 채권자
: 기업이 상환기일이 도래한 채무상환 의무를 이행하지
않는 경우 채권자는 인민법원에 채무자에 대한 구조
조정과 파산청산을 신청할 수 있다.
③ 청산책임자
: 기업이 이미 해산하였으나 청산 완료되지 않은 경우,
회사자산으로 부채전액을 변제할 수 없는 경우 법에
의해서 청산책임이 있는 자는 인민법원에 파산청산을
신청할 수 있다.

2) 파산신청서의 기재내용

① 신청자와 피신청자의 인적사항
② 신청목적
③ 파산신청의 사실과 이유

④ 법원이 파산을 심사 결정하는데 도움이 되는 기타 소명
자료
⑤ 재산상황설명, 채권상황, 채무상항, 유관재무회계보
고, 직원급여의 지급 및 사회보험비의 납부상황(채무
자가 파산신청 시)

3) 파산수리

① 인민법원은 채권자가 신청한 파산신청은 접수일로부터
10일 이내에 수리여부를 결정하며, 채권자 이외의 자가
신청한 파산신청은 접수일로부터 15일 이내에 수리여
부를 결정한다. 단 특수한 상황이 있는 경우 15일간 연
장이 가능하다.
② 인민법원은 파산수리를 결정한 파산신청을 결정일로
부터 5일 이내에 신청인에게 통지한다.
또한 파산수리하지 않은 파산신청은 그 이유서를 첨
부하여 신청인에게 결정일로부터 5일 이내에 신청인
에게 통지한다.
③ 인민법원의 파산수리 후 채무자가 채권자에게 변제한
채무는 무효가 되며, 채무자는 관리인에게 채무를 변
제하거나 소유재산을 교부해야 한다.
④ 인민법원의 파산수리 후 채무인의 민사소송이나 중재
절차는 중지되며, 관리인이 채무자의 재산을 교부받

고서 해당 민사소송이나 중재는 계속 진행한다.

4) 채무자의 의무

채무자에게 인민법원의 파산수리 판결을 송달하는 날부터 파산절차가 종료하는 날까지 채무자와 그 관련자는 다음과 같은 의무가 있다.

① 점유하고 관리하는 재산, 인장과 장부, 문서 등의 자료를 적절히 보관해야 한다.

② 인민법원과 관리인의 요구에 따라 업무를 진행히고 문의사항에 대하여 성실히 답변하여야 한다.

③ 채권자회의에 참석하여 채권자의 문의사항에 대하여 성실히 답변하여야 한다.

④ 인민법원의 허가없이 주소지를 이탈할 수 없다.

⑤ 기타기업의 이사, 감사, 고급관리인원을 맡을 수 없다.

(2) 관리인(管理人)

인민법원은 파산업무를 공정하게 수행하기 위하여 관리인을 지정하며, 관리인은 인민법원에 업무를 보고하고 채권자회의와 채권자위원회의 감독을 받는다.

1) 관리인의 자격

① 유관부문이나 조직의 청산 구성원
② 법에 의하여 설립한 변호사사무소, 회계사사무소, 파
  산청산사무소 등 사회중재기구

2) 관리인의 직책

관리인은 근면하고 책임을 다하여 충실하게 직무를 집행하여야
하며 다음의 직책을 수행한다.
① 채무자의 재산, 인장과 장부, 문서 등의 자료를 받아서
  관리한다.
② 채무자의 재산상황을 조사하여 보고한다.
③ 채무자의 내부관리사무를 결정한다.
④ 채무자의 일상 비용지출과 기타 필요한 비용을 지출
  한다.
⑤ 제1차 채권자회의를 소집하기 전에 채무자의 영업에
  대한 계속과 중지여부를 결정한다.
⑥ 채무자의 재산을 관리하고 처분한다.
⑦ 채무자를 대표하여 소송, 중재 및 기타 법률절차에 참
  여한다.
⑧ 채권자회의 소집을 제의한다.
⑨ 인민법원이 인정하는 기타직책

(3) 채무자재산(债务人财产) 및 파산비용(破产费用)과 공익채무(公益债务)

1) 재산처분행위 취소

인민법원이 파산을 수리하기 이전 1년 내에 채무자 재산에 대하여 다음의 행위가 있을 경우 관리인은 인민법원에 그 취소를 청구하여 야 한다.

    ① 기업재산의 무상양도
    ② 비합리적 가격에 의한 기업재산 매도
    ③ 재산담보가 없는 채무에 재산담보 제공
    ④ 채무의 기한 만료 전 상환
    ⑤ 청산기업 채권의 포기

2) 재산처분행위 무효

채무자의 이사, 감사, 고급관리인원이 직권을 이용하여 비정상 적인 수입을 취득하거나 기업재산을 점유하는 경우 관리인은 부 당한 수입과 재산을 회수해야 한다.

또한 채무자의 재산에 대한 다음의 행위는 무효가 된다.

    ① 채무자가 채무를 도피하고 은폐하기 위하여 재산을
       이전하는 행위

② 허위채무 또는 확실하지 않은 채무를 승인하는 행위

3) 파산비용과 공익채무

① 인민법원이 파산신청을 수리한 후에 발생한 파산사건
의 소송비용, 채무인 재산의 관리비용, 관리인과 직원
의 직무집행비용과 보수 등의 파산비용에 속한다.
② 인민법원이 파산신청을 수리한 후에 발생한 관리인이
나 채무자의 미이행 계약상의 채무 등의 각종 채무는
공익채무에 속한다.
③ 채무자의 재산으로 파산비용과 공익채무를 상환한다.

(4) 채권신고(债权申报)

인민법원의 파산신청 수리 후 채권자는 채권신고 기한 내에 소
유채권과 소송 및 중재절차중인 채권을 관리인에게 신고하여야
한다.

① 채권신고기한은 인민법원의 파산신청수리 공고일로부터
최단 30일에서 최장 3개월까지로 한다.
② 채권자가 채권을 신고 시 채권금액, 재산담보의 유무 및
연대채권이 있는지에 대하여 관련 증빙과 함께 서면으로
설명하여야 한다.

③ 관리인은 채권신고를 받은 후 신고된 채권을 심사하여
채권대장을 만들어야 한다.

(5) 채권자회의(债权人会议)

1) 채권자회의 구성

① 채권을 신고한 채권자는 채권자회의의 구성원이 되고
표결권을 가지며, 인민법원에서 표결권 행사를 임시
로 확정한 채권액 이외의 채권액이 확정되지 않은 채
권자는 표결권이 없다.

② 채권자는 채권자회의에 대리인을 출석시켜서 표결권
을 행사할 수 있으며, 이 경우 인민법원이나 채권자회
의 대표에게 채권자의 권한위탁서를 제출해야 한다.

2) 채권자회의 권한

채권자회의는 다음의 권한을 행사한다.

① 채권심사
② 인민법원에 관리인의 교체를 신청, 관리인의비용과
보수를 심사
③ 관리인을 감독
④ 채권자위원회 구성원을 선임하고 교체

⑤ 채무인 영업의 계속 또는 정지를 결정

⑥ 구조조정 계획 또는 화해협의를 통과

⑦ 채무인 재산의 관리방안, 파산재산의 평가액 변경 또는 분배방안을 통과

⑧ 인민법원이 인정하는 기타의 권한

3) 채권자회의 소집

① 제1차 채권자회의는 인민법원이 채권신고기한 만료일로부터 15일 이내에 소집한다. 이후의 채권자회의는 인민법원이 필요시 또는 관리인, 채권자위원회, 채권총액의 25% 이상을 소유한 채권자가 채권자회의 대표에게 소집을 요구할 수 있다.

② 채권자회의 소집 시 관리인은 15일 이전에 채권자에게 통지한다.

③ 채권자회의의 일반결의는 출석한 표결권이 있는 채권자 과반수의 찬성으로 통과한다.

④ 회의 의결내용이 법에 부합되지 않는다고 판단한 채권자는 의결 후 15일 이내에 인민법원에 재정신청을 할 수 있다.

4) 채권자위원회(債权人委员会)

① 채권자회의는 채권자위원회를 설립할 수 있으며 채권
   자회의에서 선임한 채권자대표와 채무자의 근로자대
   표 또는 노조대표를 포함한 9인 이하로 구성한다.
② 채권자위원회는 채무인 재산의 관리와 처분의 감독,
   파산재산의 분배, 채권자회의 소집 및 채권자회의에
   서 위탁한 기타사항을 처리하는 권한을 갖는다.
③ 관리인은 부동산의 양도, 재산권의 양도, 영업전체의
   양도, 대출, 재산담보의 설정, 채권과 유가증권의 양
   도, 기존채무에 대하여 미이행으로 완료되는 계약, 권
   리의 포기, 담보물의 회수 및 채권자 이익에 중대한
   영향을 미치는 기타 재산처분행위에 대하여 채권자위
   원회에 보고해야 한다.

(6) 구조조정(重整)

구조조정은 채무변제 능력이 없는 채무자의 재산에 대하여 즉시
청산 절차를 진행하지 않고 법원의 승인하에 채권자와 채무자가
구조조정을 합의하여 채무자는 경영활동을 지속하면서 일정한 방
식으로 채무를 상환해 나가는 방식으로서 한국의 기업구조조정제
도와 유사하다.

1) 구조조정의 신청과 구조조정기간

① 채무자 또는 채권자는 직접 인민법원에 채무자의 구조조정을 신청할 수 있다.
  또한 채권자가 파산청산을 신청한 경우 법원의 파산 수리 후 채무인 파산 선고 이전의 기간에 채무자 또는 채무자가 출자한 주책자본의 10%이상을 소유한 투자자는 인민법원에 구조조정을 신청할 수 있다.
② 구조조정기간은 인민법원이 구조조정을 승인한 날로부터 구조조정 절차가 종료하는 날까지이며, 이 기간에는 인민법원의 승인을 받아서 채무인은 관리인의 감독하에 재산을 관리하고 영업을 지속할 수 있다.
③ 구조조정기간 중에 채무자의 출자자는 투자수익분배를 요구할 수 없다.
④ 구조조정기간 중에 채무자의 이사, 감사, 고급관리인원은 법원의 동의없이 제3자에게 채무자의 지분을 양도하지 못한다.
⑤ 구조조정기간 중에 다음과 같은 사유발생 시 관리인 또는 이해관계자의 청구에 의하여 인민법원은 구조조정 절차를 중지판정한고 채무인의 파산을 선고한다.
  • 채무자의 경영상황과 재산상황이 계속 악화되어 회생가능성이 없는 경우
  • 채무자가 사기나 악의로 채무자의 재산을 감소시키

거나 채권자에게 현저하게 불리한 행위를 하는 경우

- 채무자의 행위로 인하여 관리인이 법집행직무를 할 수 없는 경우

2) 구조조정계획의 제정과 비준

① 채무자와 관리인은 법원의 구조조정 판정일로부터 6 개월 이내에 인민법원과 채권자회의에 구조조정계획 초안을 제출해야 한다.

② 구조조정계획초안의 내용은 다음과 같다.

- 채무자의 경영방안
- 채권의 분류
- 채권조정과 변상방안
- 구조조정의 집행시기
- 구조조정집행의 감독기한
- 구조조정의 기타방안

③ 인민법원은 구조조정계획초안을 받은 날로부터 30일 이내에 채권자회의를 소집하여 구조조정계획초안에 대하여 표결을 진행한다.

회의에 출석한 채권자 과반수와 채권총액 2/3 이상의 동의로 구조조정계획초안은 통과된다.

④ 구조조정계획이 채권자회의에서 통과된 날로터 10일 이내에 채무자와 관리인은 인민법원에 구조조정계획

의 비준을 신청한다. 인민법원은 신청일로부터 30일 이내에 비준을 판정하며 이를 공고한다.

3) 구조조정계획의 집행

① 인민법원이 비준판정한 구조조정계획은 채무자와 전체 채권자에게 균등히 구속력을 가진다.
본법의 규정에 의하여 채권이 신고되지 않은 채권자는 구조조정계획기간 내에 권리를 행사할 수 없으며, 구조조정완료 후에 동일종류 채권의 변제조건에 따라 권리를 행사할 수 있다.
② 구조조정계획은 관리인의 감독하에 채무자가 책임지고 집행한다. 관리인은 감독기간 만료 시 인민법원에 감독보고서를 제출한다.
③ 채무자가 구조조정계획을 집행할 수 없거나 집행하지 않는 경우 인민법원은 관리인 또는 이해관계자의 청구에 의하여 구조조정계획의 집행을 중지판정하고 채무자의 파산을 선고한다.

(7) 화해(和解)

1) 화해의 신청절차

① 채무자는 인민법원의 파산신청 수리 후부터 채무자 파

산선고 이전까지의 기간에 직접 인민법원에 화해신청을 할 수 있다. 이 경우 채무자는 화해협의초안을 제출해야 한다.

② 인민법원은 화해신청이 본법의 규정에 부합하는 경우 화해판정을 내리고 이를 공고하며, 채권자회의를 소집하여 화해협의초안을 토론하게 한다.

또한 채무자의 특정재산에 담보권이 있는 권리자는 인민법원의 화해판정일로부터 권리를 행사할 수 있다.

③ 채권자회의에서 화해협의 통과를 결의할 경우 출석한 의결권이 있는 채권자 과반수의 동의와 재산담보가 없는 채권총액의 2/3 이상의 동의가 있어야 한다.

④ 채권자회의에서 통과된 화해협의는 인민법원의 인가판정을 받아야 한다. 이후 관리인은 채무자에게 재산과 영업사무를 넘겨주고 인민법원에 집행한 직무를 보고한다.

⑤ 채권자회의에서 화해협의가 통과되지 않거나 인민법원의 인가판정을 획득하지 못한 경우 인민법원은 화해절차를 종료판정하고 채무자의 파산을 선고한다.

2) 화해의 효력

① 인민법원이 인가판정한 화해협의는 채무자와 전체 채권자에게 모두 구속력이 있다.

② 화해채권자는 채무자의 보증인과 기타 연대채무자에 대하여 권리를 향유하며 화해협의에 영향을 받지 않는다.

③ 채무자는 화해협의의 조건에 따라 채무를 변제해야한다. 만일 채무자의 사기나 위법행위로 인하여 화해협의가 성립한 경우 인민법원에서 무효판정을 내리고 채무자의 파산을 선고한다.

④ 채무자가 화해협의를 집행할 수 없거나 집행하지 않는 경우 인민법원은 채권자의 청구로 화해협의를 종료판정하고 채무자의 파산을 선고한다.

(8) 파산청산(破産淸算)

1) 파산선고(破産宣告)

① 인민법원이 채무자의 파산을 선고한 후 판정일로부터 5일 이내에 채무자와 관리인에게 통보하고, 10일 이내에 채권자에게 통지하고 아울러 공고한다. 채무자의 파산선고 후 채무자는 파산자가 되고, 채무인재산은 파산재산이 되며, 채무자에 대한 채권은 파산채권이 된다.

② 파산선고 전 다음의 상황이 발생 시 인민법원은 파산절차를 종료하고 이를 공고한다.

• 제3자가 채무자에게 담보를 충분히 제공하거나 기한
  이 도달한 채무의 전부를 변제하는 경우
• 채무자가 이미 기한이 도달한 채무의 전부를 변제
  한 경우
③ 파산자의 특정재산에 대하여 담보권이 있는 권리자는
  특정재산에 대하여 우선적으로 변제를 받을 권리를
  가진다.

2) 파산재산의 가격조정(変价)

① 관리인은 파산재산의 가격조정 방안을 수립하여 채권
  자회의에 제출해야 한다. 관리인은 채권자회의에서
  통과되거나 인민법원이 가격조정 방안을 판정한 파산
  재산을 시기적절하게 매각해야 한다.
② 가격조정된 파산재산을 매각 시 채권자회의에서 결의
  한 다른 방법을 제외하고 경매방식으로 매각해야 한다.

3) 파산재산의 분배(分配)

① 파산재산의 채무변제는 다음의 順으로 채무를 변제
  한다.
  i) 담보자산
  ii) 파산비용과 공익채무
  iii) 체불된 근로자 급여와 의료비, 체불된 근로자 개

인계좌의 양로보험비와 의료보험비 및 행정법규
에서 규정하는 근로자에게 지급해야 하는 보상금

ⅸ) 미납 사회보험비와 조세채무

ⅴ) 보통채권

② 관리인은 파산재산의 분배방안을 수립하여 채권자회
의 의결을 거친 후 인민법원의 인가판정을 받아서 집
행한다.

③ 관리인은 파산재산의 분배방안에 따라 수차례에 걸쳐
서 분배를 실시할 수 있으며, 매회 분배 시 분배액과
채권액을 공고해야 한다.

④ 채권자가 수령하지 않은 파산재산 분배액은 관리인은
별도 보관한다. 만일 채권자가 최후 공고일로부터 만
2개월 이내에 수령하지 않은 경우 분배받을 권리를
포기한 것으로 간주하고 관리인이나 인민법원은 보관
한 분배액을 기타 채권자에게 분배한다.

⑤ 파산재산을 분배 시 소송 또는 중재중인 채권은 관리
인은 별도 보관한다. 만일 파산절차 종료 후 만 2년
이내에도 수령하지 않은 경우 인민법원은 보관한 분
배액을 기타 채권자에게 분배한다.

4) 파산절차의 종결

① 파산자가 분배에 제공할 재산이 없는 경우 관리인은

인민법원에 파산절차 종결판정을 청구한다.

또한 관리인은 최후 분배완료 후 즉시 인민법원에 파산재산 분배보고서를 제출하며 인민법원의 파산절차 종결판정을 청구한다.

인민법원은 이를 받은 후 15일 이내에 파산절차 종료 여부를 판정하고 종료판정 시에는 공고한다.

② 관리인은 파산절차 종료일로부터 10일 이내에 원 등기기관에 취소등기를 한다. 관리인은 취소등기를 완료한 다음날로부터 소송 또는 중재진행중인 상황을 제외하고 지무가 정지된다.

③ 파산자의 보증인과 기타 연대채무자는 파산절차종료 후에도 변제하지 않은 채권자의 채권에 대하여 법에 따라 승계하여 변상책임을 부담한다.

(9) 법률책임

① 기업의 이사, 감사 또는 고급관리인이 충실의무, 근면의무 등의 소홀로 기업파산을 야기한 경우
: 민사책임을 부담하며, 파산절차 종료 후 3년 이내에 다른 기업의 이사, 감사 또는 고급관리인을 맡을 수 없다.

② 채권자회의에 참석할 의무가 있는 채무자의 관계자가 정당한 이유없이 채권자회의에 참석하지 않는 경우
: 인민법원은 호출을 명하고 벌금을 부과할 수 있다. 한편

채무자의 관계자가 채권자회의에서 진술이나 대답을 거부
하거나 허위진술 대답을 하는 경우 인민법원은 벌금을 부
과할 수 있다.

③ 채무자가 인민법원에 재산상황설명서, 채무대장, 채권대장,
재무회계보고서, 직원급여의 지급상황 및 사회보험비용의
납부상황을 제출하지 않거나 부실하게 제출하는 경우
 : 인민법원은 직접 책임자에게 벌금을 부과한다.
   또한 채무자가 관리인에게 재산, 인장, 장부, 문서 등의
   자료를 인계하지 않거나 관련재산 증거자료를 위조, 폐
   기하여 재산상황이 불명확한 경우 인민법원은 직접 책임
   자에게 벌금을 부과한다.

④ 채무자가 '채무자재산(债务人财产)의 재산처분행위'로
   인하여 채권자 이익에 손해를 끼친 경우
 : 채무자의 법정대표자와 기타 직접책임자는 배상책임을
   진다.

⑤ 채무자의 관계자는 법규정을 위반하여 주소지를 이탈한
   경우
 : 인민법원은 훈계, 구류와 벌금을 병과할 수 있다.

⑥ 관리인이 근면하고 성실하게 직무를 수행하지 아니한 경우
 : 인민법원은 벌금을 부과할 수 있고, 관리인은 채권자, 채
   무자 또는 손실이 발생한 제3자에게 변상책임을 진다.

⑦ 본법의 규정을 위반하여 범죄를 구성한 경우 형사책임을
   부과한다.

※ 참조 [외상투자기업의 해산사유]

경영기간 중 청산하려는 외상투자기업은 동사회의 만장일치 결의가 필요하며 심사비준기관의 비준을 받아 해산한다. 중외합자/합작기업법 및 외자기업상의 외상투자기업 해산사유는 다음과 같다.

1) 자동해산
   ① 경영기간이 만료된 경우

2) 공통 해산사유
   ① 기업에 중대한 결손이 발생하여 경영을 계속할 수 없는 경우
   ② 자연재해·전쟁 등 불기항력의 요인으로 중대한 손실이 발생하여 경영을 계속할 수 없는 경우
   ③ 계약·정관에서 규정한 기타 해산 사유가 발생한 경우

3) 합자/합작기업의 특수한 해산사유
   ① 합자/합작 기업의 일방이 계약·정관에서 규정한 의무를 이행하지 않아 기업이 경영을 계속할 수 없게 된 경우
   ② 기업이 경영목적을 달성하지 못하고 발전전망이 없는 경우

4) 강제해산사유
   ① 중국의 법률·법규를 위반하여 법에 따라 허가취소 또는 해산명령을 받은 경우
   ② 파산의 경우

[합병 시 대금지급기한]

Q_ 북경에 소재한 W의류제조회사는 지금까지 제조만 담당하고 판매는 중국국내회사에서 수행하다가 양측이 합병하고자 한다. 합병조건은 중국회사의 지분 50%를 인수하고 경영권을 갖는 방식이다. 이 경우 대금지급기한은?

A_ ① 외국투자자가 중국기업을 합병하여 외상투자기업을 설립할 경우 외국투자자는 영업허가증 발급일로부터 3개월 이내에 지분을 양도한 주주나 기업에게 대금전부를 지불해야 한다.

② 특수한 상황으로 연기해야하는 경우 심사허가기관의 허가를 받은 후 영업허가증 발급일로부터 6개월내에 대금의 60%이상을 지불하고 1년내에 대금전부를 지불해야하며 아울러 실제 납부한 출자비율에 따라 수익을 분배해야 한다.

[합병후 총투자액과 등기자본(주책자본)의 비율]

Q_ 외국투자자가 지분합병을 한 경우 합병후 설립한 외상투자기업의 총투자액과 등기자본(주책자본)의 비율은?

A_ ① 등기자본이 US $210만 이하인 경우: 총투자액은 등기자본의 10/7미만

② 등기자본이 US $210만~US $500만 이하인 경우: 총투자액은 등기자본의 2배미만

③ 등기자본이 US $500만~US $1,200만 이하인 경우: 총투자액은 등기자본의 2.5배미만

④ 등기자본이 US＄1,200만 이상인 경우: 총투자액은 등기자본의 3배미만

[합병 후의 세수우대혜택 유지여부]

Q_ A외자기업은 경영정상화를 기하기 위해서 B자회사를 흡수합병(吸收合幷)하려한다. 양 회사는 정기세수감면(2년면제 3년감면) 기간내에 있으나 잔여 세수혜택기간이 일치하지 않고 있다. 이 경우 세수감면의 방법은?

A_ 두 회사가 합병한 이후에도 합병후이 회사는 합병전의 회사가 누리던 세수우대혜택을 계속 누릴 수 있다. 합병전 회사의 잔여 세수혜택기간이 상호 일치하지 않을 경우 회계장부를 구분경리하여 처리하거나 관할 세무국이 비율을 결정하는 등의 방법으로 합병후의 회사가 세수혜택을 승계할 수 있다.

[청산방법]

Q_ 청도의 C섬유회사 총경리이다. 회사의 자금난이 심각하던 작년에 한국인 사장은 자금을 구하겠다고 한국에 돌아간지 6개월이 넘어도 연락이 전혀 없다. 그동안 직원의 급여는 체불되어 있으며 관할 노동관리부서에 고발된 상태에 있다. 청산절차를 밟으려하는데 그 절차는?

A_ 기업에 중대한 결손이 발생하여 경영을 계속할 수 없는 경우 법원으로부터 해산판결을 받아서 청산절차를 밟을 수 있다. 이 경우 법원의 해산판결일로부터 15일 이내에 3인 이상의 청산위원회를 구

성하여 보통청산의 방식에 의하여 청산을 할 수 있다. 기업 스스로 청산위원회를 구성하지 못하는 경우에는 특별청산 절차에 의하여 청산하여야 한다.

[해산시의 세무등록말소 절차]

Q_ 중국 투자기업이 해산 시 세무등록말소 절차는?

A_ ① 외상투자기업이 청산·파산 등의 사유로 해산 시 먼저 세무국에 세무등기 말소를 한 후, 공상행정관리국에 가서 말소수속을 한다.

② 공상행정관리국으로부터 영업허가를 취소당한 경우에는 취소일로부터 15일 내에 세무국에 가서 세무등기말소를 해야 한다.

③ 생산경영장소의 변경으로 인해 주관세무등기기관이 변경될 경우, 원 세무기관에 가서 세무등록말소를 한 후 변경지의 세무기관에 새로 등기수속을 해야 한다.

[청산시의 세무문제]

Q_ 청산시 그동안 감면세 받았던 외상투자기업 소득세를 비롯한 기타의 세무처리는?

A_ ① 생산성 외상투자기업의 경영기간이 10년 이상일 경우 이익발생연도부터 2년간은 소득세가 면제(免征)되며 이후 3년간은 50% 감면(减半征收)한다. 다만 실제 경영기간이 10년이 되기 전에 청산할 경우에는 이미 감면받은 세액을 반환해야 한다.

② 외상투자기업이 청산 후 잔여재산가액이 기업출자액을 초과하는

부분은 이윤으로 간주하며 기업이 현재 납부하는 세율에 따라 소득세를 납부해야 한다.

③ 면세수입한 기계설비에 대한 5년의 해관감독기관이 종료하기 이전에 청산할 경우 이미 면제받은 관세와 증치세는 감가상각하여 계산한 금액으로 반환하여야 한다.

[세무기관 비준]

Q_ 청도의 P기업은 날로 악화되는 현지 경영환경으로 인하여 사업철수를 결정하고 청산을 준비 중에 있다. 이 경우 세무기관에 등록말소 수속 시 중점적으로 파악하는 것은?

A_ ① 청산위원회는 청산보고서를 작성한 후 세무기관, 해관에 등록말소를 해야 하는데 그 중 가장 중요한 것은 세무기관의 등록말소 수속이다.

② 일반적으로 세무기관은 기업의 모든 세금의 납입증빙을 심사하고 미납세금의 존재여부를 확인하는데 이에는 기업의 원천징수의무 수행여부, 직원의 개인소득세 납입여부 등이 포함된다.

③ 세무기관이 기업의 세무증빙이 불완전하거나 부정확하다고 판단할 경우 '세무납부증명'을 발급하지 않으므로 기업은 공상행정관리국에 기업등록 말소 수속을 진행할 수 없게 된다. 즉 기업청산을 정상적으로 종결할 수 없게 되어 기업청산이 미종결상태에 처하게 된다.

[청산 시 기업이 미납세금을 납부할 재산이 없는 경우의 처리]

Q_ 청산을 준비 중인 심양의 S기업은 장기부실채권의 회수가능성이 희박하고 잔여재산으로 부채를 변제하기에도 어려우며 더욱이 미납세금까지 존재하고 있다. 이 경우 세무당국의 조치는?

A_ 기업청산 시 기업자산을 모두 처분하고도 기업이 미납세금을 추가 납부할 재산이 없는 경우 세무기관은 법에 따라 기업투자자의 관련 책임을 추궁할 수 있다. 결국 최종적으로 기업투자자가 청산을 종료할 수 없는 상황에 대해 법적 책임을 져야 한다.

[청산 시 한국에서의 절차]

Q_ 중국에 투자한 기업이 현지기업을 청산하고자하는 경우 국내에서의 절차는?

A_ ① 투자자가 해외직접투자사업을 청산하고자하는 경우에는 먼저 당해 허가기관에 신고하여야 하며 투자사업 청산 시 잔여재산을 분배받은 경우 이를 즉시 국내에 회수하여야 한다.
② 다만 부동산관련업 이외의 업종을 영위하는 투자사업으로서 투자금액의 합계가 US＄1천만 이하인 경우에는 사전신고 없이 청산신고서 제출로 청산이 완료된다.
③ 청산신고 시 제출서류는 해외직접투자사업 청산신고(인증)서, 청산사유서, 잔여재산 회수계획서 등이다.

[적법절차 없이 사업철수]

Q_ 천진의 Q기업은 급격한 경영악화로 철수 등의 각종대책에 골몰하고 있다. 만일 적법한 청산절차를 밟지 않고 사업주와 주재원이 철수할 경우 재입금이 금지되는지?

A_ 최근 중국당국의 가공무역 금지품목 확대 등의 조치로 적지 않은 기업들이 경영이 악화되어 적법한 청산이나 파산절차를 거치지 못하고 철수하는 기업이 나타나고 있다. 이에 대해 〈중국출입국관리법〉에 의하여 출입국금지 등의 행정처벌 조치를 취하고 있슴을 유의해야 한다.

[합작당사자 임의합의에 의한 잔여재산 분배의 효력]

Q_ 중국측과 60:40의 비율로 투자하여 합작회사를 운영하다가 상대방과 회사를 청산하기로 결정하였다. 기계설비는 한국측에 귀속하고 공장건물과 회사의 채권채무는 중국측에 귀속하기로 양자가 합의를 보았는데 법적으로 문제가 없는지?

A_ 합자/합작회사를 청산할 경우 잔여재산은 투자비율에 따라 배분하여야 한다. 그러므로 잔여재산의 투자비율에 따른 배분이외의 당사자의 일방적 합의는 법적 효력이 없다.

[파산기업 근로자의 실업보험 혜택]

Q_ 파산기업에 근무중인 근로자는 실업보험 혜택을 받을 수 있는지?

A_ 기업이 파산한 경우 타기업에 재취업된 자와 이미 일시불로 배치비를 수령한 자를 제외하고 기업이 파산을 선포한 이후부터 실업보험의 혜택을 받을 수 있다. 여기서 배치비란 파산기업이 근로자들에게 일시불로 지급하는 보조금 형태를 말하며 일반적으로 파산기업 소재지의 기업 근로자 전년도 평균임금의 3배수준이다.

[파산접수 후 채무상환]

Q_ M합자회사는 영업부진에 따른 자금사정 악화로 지급기일이 도래한 은행채무와 어음의 결재를 하지 못하여 결국 이사회에서 법원에 파산신청을 하기로 결정하였다. 파산이 받아들여질 경우 회사자산으로 채무를 상환해야 하는지?

A_ 외상투자기업의 파산은 「파산법」에 따라 처리하며 인민법원이 심의기관의 역할을 담당한다. 보통청산의 경우 청산위원회에서 회사자산으로 각종 채무를 상환할 수 있으나, 파산의 경우 기간이 만료된 채무를 상환은 일단 정지되며 상환하고자 할 경우 채권자회의의 결의를 거쳐서 법원의 승인이 있어야 한다.

[파산절차의 종료]

Q_ 청도의 B외상투자기업은 법원의 파산절차 진행 중 시장상황이 호전되어 기업을 회생시키고자한다. 그 방법은?
또한 기업파산에 직접적 책임이 있는 중국측 경리(经理)는 이미 다른 회사에 근무하고 있다. 이에 대한 대책은?

A_ ① 파산절차가 종료하기 전 파산기업과 채권자회의는 '화해협

의'를 통해서 법원의 승인을 득한후 파산절차를 종료할 수 있다. 이후 당사자간의 화해협의가 미이행 시 법원은 파산절차의 재개를 명령할 수 있다.

② 파산기업의 이사(董事)나 경리(经理) 등이 파산에 대한 개인적 책임이 있는 경우 파산청산 완료일로부터 3년간 다른 회사의 이사(董事)나 감사(监事) 또는 경리(经理)를 담당할 수 없다.

[외국인의 출국금지]

Q_ 저장성 샤오싱에서 독자회사를 경영하는 J사장은 회사의 채권채무관계로 민사재판이 계류중에 있다.

법원은 민사재판을 이유로 출국금지를 시키고 출입국관리국에 통보한 상태이다. J사장은 재판의 판결여부를 떠나 매달 한국 일본으로 출장을 가야하기 때문에 답답한 입장이다. 이의 대책은?

A_ ① 중국법은 다음의 자에 대해서 출국금지 조치를 내릴 수 있다.

- 형사피고인 또는 공안·검찰·법원이 인정한 범죄혐의자
- 인민법원에 계류중인 민사사건 당사자
- 기타 중국법률을 위반했으나 그 처리가 종료되지 않아 유관기관이 계속 책임을 추궁할 필요가 있는 자
- 무효 혹은 위·변조한 비자나 여권을 가진 자

② 출국금지 방법으로 출입국관리국에 출국금지 통지를 하거나 여권을 압류할 수 있으나 여권압류방법은 가급적 제한하고 있다.

③ 인민법원에 계류중인 민사사건으로 인한 출국금지자는 재산담보를 제공하거나 보증금을 납부하고 출국할 수 있다.

④ 출국금지 조치시에는 당사자에게 구두나 서면으로 통지해야 한다.

중국 젊은이들 결혼관 다원화

일부 한국 사람들은 중국이 사회주의 국가이기 때문에 중국인들의 생각이 보수적이고 폐쇄적이라고 생각한다. 하지만 성(性)이나 결혼에 대한 생각은 한국인에 비해 중국 사람들이 개방적인 성향을 보인다. 현재 중국 젊은이들에게 다음과 같은 유형의 결혼을 둘러싼 새로운 현상이 점차 폭 넓게 받아들여지고 있다.

☞ '온라인 가상결혼'
: 이는 인터넷 상에서 결혼생활을 하는 온라인 게임식의 결혼이다. 한 신문사의 설문조사 결과 조사대상자의 절반가량이 '온라인 가상결혼을 이해할 수 있다'라고 답하고 있다.

☞ '초스피드 결혼'
: 최근 초스피드 결혼을 택하는 젊은이들이 늘고 있으며 만남에서 결혼에 이르기까지 최단시간 기록이 계속 경신되고 있다. 한 보도에 따르면 창춘(長春)시에 거주하는 한 커플은 만난 지 7시간 만에 혼인신고를 해 종전기록 13시간을 갈아치웠다.

☞ '독신주의'
: 한국과 마찬가지로 중국도 개성을 추구하고 솔로의 자유를 만끽하기 위해 결혼을 하지 않는 독신주의자들이 늘어나고 있다. 베이징 청년보(靑年報) 신문이 중국 청년들을 상대로 실시한 설문조사 결과 응답자의 62.7%가 '결혼하지 않고 행복할 수만 있다면 독신도 나쁘지 않다'고 답하였다.

중국 건축면적 2020년엔 세계 절반

현재 중국의 각종 건설공사가 '초번영기'를 구가하고 있다. 이러한 현상은 대도시는 물론 지방 소도시 어디를 가더라도 대형 건축물 공사 현장을 쉽게 볼 수 있는 광경이다.

중국 건설부 발표에 의하면 2020년 중국의 건축면적은 300억 평방미터로 세계 건축면적의 절반을 점유할 것으로 전망하고 있다. 현재 중국은 대량의 주택과 공공건물 건축, 공장, 교통운수, 에너지자원, 수리(水利)와 도시기초시설이 건설 중이며 앞으로도 중국 경제사회의 발전에 따라 새로운 건설공사가 끊임없이 이어질 것 같다.

중국, '외국인 장기이식' 전면금지

해마다 한국 환자들이 중국에 관광비자로 중국에 입국하여 비공식적으로 장기이식 수술을 받아왔으나 앞으로는 외국인이 중국에서 장기이식 수술을 받는 것이 사실상 불가능해졌다.

중국 위생부는 '외국인의 장기이식 수술에 관한 통지'를 통해 외국인이 중국에서 장기이식 수술을 하고자 할 경우 해당 의료기관은 반드시 위생당국의 허가를 받아야 하며, 만일 허가없이 불법으로 장기이식 수술을 한 의료기관에 대해서는 장기이식 진료허가를 취소하기로 했다. 중국에서는 해마다 150만명이 장기이식을 필요로 하지만 장기이식을 받는 사람은 1만명 정도에 불과하고 상당부분의 장기는 많은 돈을 치르는 외국인에게 시술되는 것으로 알려졌다.

제3장 국내송금
(汇款)

외국투자자가

외상투자기업에서 배당받은 이윤·기타 합법적 수입과 청산시 배당받은 자금 등의 자본거래는 외환당국의 사전허가 후 중국 국외로 송금할 수 있다.

그러나 경상적 거래 즉, 경상적인 영업활동을 위한 국외송금은 외환당국의 허가없이 관련서류를 첨부하여 직접 구좌개설은행을 통해 송금할 수 있다.

외상투자기업의 외국적 직원의 임금수입과 기타 합법적 수입은 법에 따라 개인소득세를 납부한 후 해외로 송금 가능하다.

1. 이윤 · 배당금의 송금

(1) 은행 제출서류

외상투자기업은 납세 후 순이익에서 3항기금·이월결손금의
보전 등을 공제한 금액에서 배당받은 이윤을 중국 국외로 송금할
경우 반드시 외환지정은행에 다음의 서류를 제출해야한다.

① 납세완납증명 및 세무신고서(감면세 우대기업은 관할
   세무국이 작성한 감면세 증명서류 첨부)
② 당년도 이윤 또는 배당금 상황에 대한 회계감사보고서
   (审计报告)
   (외상투자기업이 이전연도의 이윤·배당금을 중국외로
   송금할 경우에는 해당 발생연도의 자금상황에 대한 회계
   감사보고서)
③ 이윤 또는 배당금 관련 동사회결의서
④ 외상투자기업의 외환등기증
⑤ 납입자본금 검사보고서(验资报告)
⑥ 외환관리국에서 요구하는 기타서류

(2) 송금의 제한

① 등록자본의 납입완료 이전에 외상투자기업에 이익이 발

생할 경우 투자비율에 따라 이익을 배당 받을 수 있다.

② 다만 등록자본금을 계약 규정에 따라 전액 불입하지 아니한 외상투자기업은 그 외화이윤 또는 배당금을 중국외로 송금하지 못한다.

③ 특수한 상황으로 인하여 등록자본금을 전액 불입하지 못할 경우에는 원심사비준기관의 승인을 받아야 한다. 이 경우 실제 불입한 등록자본금 비율에 따라 배분받은 이윤·배당금을 중국외로 송금할 수 있다.

(3) 사후관리

외상투자기업의 송금행위를 규범화하고 외환관리를 완벽히 하기 위하여 아래의 사후관리를 시행한다.

① 외환지정은행은 투자자가 제출한 서류의 진실성을 엄격히 심사한다.

심사 후 오류가 없을 경우 외환등록증과 납세완납증명에 "이윤 또는 주식배당금·이익배당금 송금수속완료"를 명기하고 날인·보관한다.

② 은행은 매월 초 5일까지 전월의 외상투자기업이 송금한 이윤 또는 배당금 상황을 외환관리국에 보고해야 한다.

③ 외환관리국은 송금액이 미화 10만불 등가 이상이거나 외환관리국이 문제가 있다고 판단 시 랜덤으로 심사하며,

심사비율은 은행에서 보고한 상황의 50%이상이어야
한다.

2. 외환자본금의 송금

(1) 송금의 방법

① 외상투자기업의 외화자본금의 증자·양도 및 기타방식
을 이용한 처분 시에는 이사회결의서를 갖추어 외환관리
국의 허가를 받아 그 외환구좌에서 지불하거나
② 외환관리국에서 심의 발급한 '외환매도통지서'를 외환지
정은행에 제시하여 외환을 송금할 수 있다.

(2) 외환관리국 제출서류

외상투자기업이 취득한 지분양도대금 등을 중국 국외로 송금할
경우 「비무역 및 일부 자본항목 중 외환매도지급에 대한 세무증
빙의 제출문제에 관한 국가세무총국 및 국가외환관리국의 통지」
(2000년 5월 19일 시행) 규정에 의거하여 다음의 서류를 외환관
리국에 제출하여야 한다.

① 지분양도계약서
② 원 심사비준부서의 지분양도비준증서

③ 당년도 회계감사보고서(审计报告) 원본이나 유효한 자
  산평가보고서
④ 동사회결의서
⑤ 외상투자기업의 외환등기증
⑥ 마지막회의 납입자본금 검사보고서(验资报告)
⑦ 기업소득세완납증명

3. 청산시 분배받은 자금의 송금

① 기업청산 후 외상투자기업이 분배받은 외화자산은 기업청
  산증명서류·이사회결의서·납세증명서 등을 외환관리국
  에 제출하여 허가를 받아서 중국외로 송금할 수 있다.
② 법에 의해서 허가 취소되어 청산하는 경우, 납세 후 외국
  투자자의 소유에 속하는 인민폐는 외환지정은행에서 외환
  으로 태환하여 국외송금하거나 휴대하여 출국할 수 있다.
③ 청산 후의 분배잔여재산은 해산등기일로부터 청산종료일
  까지의 청산손익을 투자지분율에 따라 수취한 현금 또는
  현물이다.

4. 외국적 직원 임금의 송금

외국적 직원의 임금은 정당한 수익 중 중국내에서 지출한 필요
경비를 제외한 나머지 부분에 대해 임금명세표와 납세증명서를

첨부하여 기업의 외화예금구좌에서 인출하여 개인구좌로 송금가
능하다.

(1) 은행제출서류

① 이사회에서 결의한 임금명세표
② 납세완납증명 및 납세신고서(감면기업 소속 직원일 경
우 당지 세무국이 발행한 감면세 증명서류 첨부)

(2) 사후관리

① 외환지정은행은 신청인의 납세완납증명 원본에 송금사
실을 기록해야 한다.
② 건당 미화 10,000불을 초과하여 송금 시에는 외환관리국
의 허가를 받아야 한다.
③ 국외송금한도는 해당근로자의 중국 생활비 등을 감안하
여 급여의 50%로 제한하고 있다. 단 급여의 50% 이상
송금 시 외환관리국의 허가를 득해야 한다.

[합작지분매각대금의 송금시의 지분양수도확인서]

Q _ 청도의 W회사는 중국내 출자지분을 중국측 합작선에게 매각하고 매각대금을 한국으로 송금하려 하였으나, 지분매각 시 한국측 투자자가 중국측 양수자에게 먼저 우선매입에 대한 확인을 하지 않은데 감정을 가지고 "지분양수도 확인서"를 제출하지 않아서 한국으로의 송금이 이루어지지 못하였다.

"지분양수도 확인서"는 반드시 제출해야 하는 서류인지?

A _ 외상투자기업이 지분을 매각 시 먼저 중국측 합작선에게 우선매입을 확인한 후 합작선의 매입의사가 없음을 확인한 후에 제3자에게 합작선에게 제시한 가격 이상으로 매각하여야하며 제시가격 이하로 매각 시에는 합작선의 동의가 반드시 필요하다.

지분매각 시 제3자와 우선 매각협의를 하면 결국 중국측 합작선이 인지할 수밖에 없고 이는 매각대금의 송금 시에 자칫 합작선이 비협조하는 결과를 낳을 수도 있다.

[기술지도사용료 등의 외환송금]

Q _ 대련의 D외자기업은 한국의 ISO 인증업체로부터 기술지도를 받고 ISO 기술지도사용료를 지불하고자 중국 외환지정은행에 외환송금을 신청하였으나 관련 서류의 미비로 보류되어있다. 이에 대한 대책은?

A _ 중국당국에서는 관련기업(특수관계자)에 대해서는 이전가격과세로 접근하며, 관련기업이 아닌 외국의 기업에게 송금 시에는 사실관계를 엄격히 조사확인하고 있다.

즉 기술사용료·경영지원수수료·판매수수료 등 실질적인 무역외의 외환거래로 중국 국외의 모회사나 기타 관련회사에 송금시에는 제출자료가 진위성과 일치성이라는 심사기준에 부합할지라도 "의심스러운 외환거래"로 분류하여 해당국에서의 실질사업자 여부, 계약서의 진위여부, 송금액수의 정확성 등을 엄격히 확인한 후에 송금을 승인하고 있으므로 해당기업은 관련서류의 철저한 준비가 필수적이다.

[무역외 외환거래의 심사기관]

Q _ 중국에서 무역외 외환거래의 금액기준 심사기관은?

A _ ① 중국은 기업의 관련 업무범위에 부합하지 않는 기부·광고·전시회비·회의비 등의 명목으로 거액의 외화를 수취·결제·송금할 경우 금융기관은 이를 "의심스러운 외환거래"로 간주하여 엄격한 조사를 하며 외환관리국에 보고한다.

② 무역외 외환거래가 U＄5만 이상일 경우는 외환지정은행에서 수속을 하고, U＄5만 이상 U＄50만 이하일 경우 소재지 외환관리국에 신청하여 심사수속을 거쳐야하며, U＄50만 이상일 경우 소재지 외환관리국에 신청 후 국가외환관리국의 심사를 받아야한다.

[청산절차 후 분배잔여재산의 국내회수]

Q _ 청도 개발구의 D외자기업은 현지 경제여건의 악화로 청산을 준비 중이다. 해외투자사업을 청산하고자 할 경우 한국내의 보고절차 및 청산자금의 국내회수 여부는?

A _ ① 해외투자 후 투자자의 사정이나 현지 경제여건의 악화 등으로 현지법인을 청산할 때에는 분배잔여재산을 현금으로 당해 신고수리 조건에 따라 국내로 회수하여야 하며, 국내에서 청산자금 영수 후 즉시 공증기관의 공증을 받아 청산보고서 및 부속서류와 함께 신고기관에 제출하여 보고하여야 한다. 단 신고수리기관의 장이 부득이하다고 인정할 때에는 현물로 회수할 수도 있다.

여기서 부속서류라 함은 법인등기부등본 등 청산을 입증할 수 있는 서류, 잔여재산 분배전의 대차대조표, 청산손익계산서, 잔여재산 회수에 따른 외국환은행의 외화매입증명서, 세관의 수입면장(현물회수의 경우) 등을 말한다.

② 청산후의 분배잔여재산을 외국에서 외국환거래규정에 의해 인정된 자본거래를 하고자 하는 경우에는 청산자금을 국내로 회수하지 않고 청산보고를 필한후 해외에서 운용토록 허용하고 있다.

[사업철수 시 분배잔여재산의 국내송금방법]

Q _ C외자기업은 10여년간 금형제작회사를 운영하다가 원자재 가격의 상승과 늘어나는 인건비 부담을 견디지 못하고 부득이 철수하려고 한다. C회사는 청산시 부채를 변제한 후의 매각자산금액이 등기자본보다 많을 것으로 판단되는데 이 금액은 한국으로 송금이 가능한지?

A _ ① 외상투자기업이 청산시 매각 또는 회수한 자산액으로 부채를 변제하고 남은 금액이 등기자본을 초과한 부분은 이윤으로 간주하며 이에 대해서 기업소득세를 납부하여야 한다.

② 청산소득세를 납부한 후 외상투자기업이 분배받은 잔여자산은 외환관리국의 허가를 받아서 한국으로 송금할 수 있다.

③ 또한 기업이 청산개시전 180일 이내 및 청산절차 진행중에는 당해 기업의 자금을 국외로 송금하거나 반출하지 못하며 기업재산을 임의로 처분하지 못한다.

[익명출자 시 이익송금]

Q_ 한국인 A씨는 중국인 B씨 명의로 2000년 초 상해에 도소매회사를 설립하였다. A씨는 경영전반을 총괄하고 B씨는 영업실무를 담당하며 B씨에게는 급여 이외에 연도결산 후 일정 지분을 지급하는 조건이었다. 이 회사는 초기의 사업상 어려움을 잘 극복하고 이제는 적지 않은 이익이 발생하여 이익금을 한국으로 송금하려하는데 그 방법은?

A_ ① 현재도 여러 한국인이 언어, 문화, 시장개척의 곤란, 절차상의 문제 등으로 중국 현지인 명의를 이용한 투자를 실시하여 등기상의 명의자와 실제투자자가 다른 경우를 흔히 볼 수 있다.

이 같은 "익명출자"는 법 이론상으로는 행위 자체가 법률의 규정을 위반하지 않고 실제로 투자를 하였다는 증거가 충분하다면 실제 투자자의 주주자격을 인정받을 수도 있다. 그러나 현재 중국법에서 실제 출자자이 주주자격을 인정받기가 매우 어렵다.

② 외국투자자가 현지 중국인 명의를 이용하여 투자할 경우 투자송금에 관한 외환제도 위반 등 투자시작부터 관계 법률을 위반할 수밖에 없다. 당연히 이익금의 국내송금도 정식절차로는 불가능하게 된다.

[현지 주재원 임금 등의 한국본사 부담 후 현지회사에서의 일시반환]

Q_ 청도에 설립한 합작회사에 파견된 직원의 수개월분 임금과 항공료를 서울의 본사에서 먼저 부담하고 청도의 합작회사로부터 돌려받으려한다. 그 방법은?

A_ ① 본사에서 부담한 파견직원의 임금을 돌려받으려고 할 경우 중국 현지회사에서 당월에 일시불로 직원에게 수개월분 임금을 지급한 것으로 하고 개인소득세를 원천징수하여 납부한 후의 금액을 한국으로 송금할 수 있다. 다만 송금의 명목이 임금이기 때문에 해당 직원의 개인구좌로 입금하여야 한다.

② 본사에서 부담한 항공료는 항공티켓 원본으로 현지회사에서 출장비로 회계처리한 후 현금으로 인출할 수 있다. 다만 해외송금은 불가능하다.

[중국에서 귀국시 현금지참한도]

Q_ 중국에서 출국할 때 지참할 수 있는 현금의 한도는?

A_ ① 2005년 9월 1일부터 중국에서 출국하는 개인이 신고없이 1인당 지참할 수 있는 외환 현금액은 이전의 US $2,000에서 US $5,000로 상향조정되었다.

② US $5,000 이상~US $10,000 이하의 외환을 지참하고 출국할 경우에는 외환지정은행의 증명을 제시해야 출국할 수 있으며, US $10,000

이상의 외환을 지참하고 출국할 경우에는 예금 또는 외환구입 소재지 외환관리기관의 증명을 제시해야 출국수속을 할 수 있다.

[환전상을 통한 국내송금]

Q_ 심양에서 한식당을 5년째 경영하고 있는데 사업초기에는 알고 지내는 환전상을 통하여 한국에서 사업자금을 가져오고 이제는 사업이 비교적 안정되어 한국으로 정당하게 이익을 송금할 길이 없어서 부득이 환전상을 통하여 송금을 하고 있는데 불안한 생각이 심하여 대책을 구하고자 한다.

A_ ① 법적인 절차를 적절히 거치지 않고 중국에서 사업을 할 경우 중국으로 가져가는 사업자금이나 중국에서의 사업이익을 환전상을 통하여 한국으로 가져오는 것은 양국에서 모두 외환거래법을 위반하여 형사처벌까지 받을 수 있으므로 주의가 요망된다.

② 실제로 심양 서탑가의 일용소매점, 특산물가게, 여행사, 중개소 등에서 합법적인 상호를 내걸고 실지로는 한화(韓币),위안화(人民币) 및 미화를 암거래하는 이른바 '지하은행'역할을 해오던 업소들을 2005년 6월 공안국, 외환관리국, 인민은행이 연합조사단을 구성하여 해당자들의 불법자금을 몰수하고 불법경영죄를 적용하여 형사처벌한 적이 있다.

③ 그러므로 법절차에 의하여 정당히 송금하고 현지에서 발생한 이익은 납세절차 등을 거친 후 좀 까다롭기는 하나 합법적 절차를 거쳐서 한국으로 송금하는 것이 중요하다.

천방백계로 '한 자녀 낳기'정책을 피하는 여성들

중국은 인구 증가를 막기 위해 1970년대 말부터 도시에 거주하는 한족(汉族)에 대해 '1자녀 갖기'정책을 실시하여 엄격한 산아제한 정책을 펴고 있는 바 이는 한 자녀만 허락되지만 쌍둥이 출산은 제재를 받지 않는다.

통계에 의하면 중국에서 쌍둥이 출생이 매년 2배가량 늘고 있다. '1자녀 낳기'정책을 피하기 위해서 여성들이 쌍둥이를 임신하기 위해 병원을 찾는 사례가 많아지고 있으며 이러한 현상은 특히 도시 상류층이나 정부의 고위간부에게 유행하고 있다.

중국 차(茶)목욕 다이어트 유행

베이징, 상하이를 중심으로 한 중국 대도시에는 월급의 10분의 1이 넘는 돈이 드는데도 차(茶)목욕 다이어트가 유행하고 있다. 다양한 중국 茶들의 등장은 색다른 목욕문화를 열며 천연재료들도 목욕 다이어트에 합류하고 있다.

특히 다이어트차(減肥茶)로 일컫는 우롱차(乌龙茶), 철관음차(铁观音茶), 보이차(普洱茶)는 지방분해와 체지방 연소효과가 탁월한 것으로 입증되어 이들 차를 이용한 목욕법에 관심을 돌리면서 건강과 다이어트를 동시에 만족하려는 노력이 급부상하고 있다.

안 교 석

한국 · 미국공인회계사

◉ **약력(현재)**

- 서울 안세회계법인 대표
- 인천도시개발공사 · 인천관광공사 사외이사
- 중국 안교석기업관리자문회사(**安教碩企业管理咨询公司**) 대표고문
- 중국 청도농업대학교 객좌교수
- 중국 선양(**沈阳**)시 인민정부 고문
- 중국 상해—만룡(**万隆**)회계사사무소유한공사 고문
- 중국 북경—중룡(**中龙**)회계사사무소유한공사 고문
- 중국 항주—중서강남(**中瑞江南**)회계사사무소유한공사 고문
- 중국 선양—만룡(**万隆**)회계사사무소유한공사 고문
- 중국 대련—동방(**东方**)회계사사무소유한공사 고문
- 중국 청도—금수강산(**金水江山**)회계사사무소유한공사 고문
- 중국 청도 한국상공회의소 · 위해한국상공회의소 세무고문
- 중국 상해 · 북경 · 항주 · 청도 · 대련 · 선양 등지의 유력 한국기업

세무고문

◉ **강의**

- 대한상공회의소 · 금융연수원 등 국내 유력기관과 각 대학원 중국전공과정

다수

- 청도농업대학교 경영대학 재학생 및 국제무역대학 최고관리자과정
- 중국진출기업 CEO 대상 '세무조사 대처방법' 등

◉ **저서**

- '중국투자 성공으로 가는 길'(2006년, 한국세정신문사)
- '중국 알고가면 실패없다'(2007년. 중국M&A미디어사)
- '중국투자 성공의 핵심'(2008년. 중국M&A미디어사)

☎ **책내용 문의**

- 한 국 : (02)831-4228 · 016-391-3750
- 중 국 : (0532) 8587-1223 · 133-450-15633

중국 알고 나서 투자하자

인쇄일 / 2007년 11월 20일
발행일 / 2007년 11월 30일
지은이 / 안 교 석
펴낸이 / 이 영 실
펴낸곳 / 중국 M&A 미디어사
　　　　주소 : 서울특별시 영등포구 신길동
　　　　　　　1224번지 안세빌딩 301호
　　　　전화 : 02)831-4228
ISBN / 978-89-960341-0-0(13320)

정가 13,000원